"十二五"职业教育国家规划教材
经全国职业教育教材审定委员会审定

航海安全概论

张　铎　主编
於　健　主审

大连海事大学出版社

图书在版编目(CIP)数据

航海安全概论 / 张铎主编 . —大连 : 大连海事大学出版社, 2014. 10(2024. 7 重印)
"十二五"职业教育国家规划教材
ISBN 978-7-5632-3094-5

Ⅰ. ①航… Ⅱ. ①张… Ⅲ. ①船舶航行—交通运输安全—高等职业教育—教材 Ⅳ. ①U698

中国版本图书馆 CIP 数据核字(2014)第 237566 号

大连海事大学出版社出版

地址:大连市黄浦路523号 邮编:116026 电话:0411-84729665(营销部) 84729480(总编室)
http://press. dlmu. edu. cn E-mail:dmupress@ dlmu. edu. cn

大连天骄彩色印刷有限公司印装 大连海事大学出版社发行

2014 年 10 月第 1 版 2024 年 7 月第 3 次印刷
幅面尺寸:184 mm×260 mm 印张:8
字数:197 千 印数:2501~3500 册

出版人:刘明凯

责任编辑:张来胜 责任校对:刘长影
封面设计:王 艳 版式设计:解瑶瑶

ISBN 978-7-5632-3094-5 定价:21.00 元

内容提要

本书的主要内容包括安全概述、事故模式理论及预防原则、安全生理、安全心理和安全行为、安全信息的认知和处理、海上通航系统与分析方法、海上事故处理与安全管理，以及安全文化与安全价值观。

本书概述了有关安全的基本理论知识，强调了对海员安全意识的培养、依据对海事事故的研究和分析，有针对性地探讨了海员对海上信息认知和处理的规律及预防措施等。

本书是航海院校船舶驾驶专业专科生的专业教材，还可供海事安全管理、海员安全培训和其他管理与研究船舶安全的人员参考使用。

前　言

航海曾被认为是人类的一项冒险活动。随着现代先进航海技术在船舶上的应用、安全法规体系的全面实施和日臻完善,以及海员航海知识和技能的普遍提高,航海的危险性显著降低。尽管如此,海上事故仍时有发生,其主要原因是海员的安全意识、安全技能和安全责任感还未同步提高到较理想的水平。

航海类专业学生从在校学习到毕业后上船任职,是其从熟悉的陆地到陌生的海洋的巨大跨越,需要学习专业的航海知识和技能。由于海上环境的特殊性,航海时刻与风险相伴。因此,为了顺利地实现这一巨大跨越,航海类专业毕业生还需要学习保障船舶安全航行和操作的专业化的安全知识、技能和意识。从这一点上看,一名合格的海员不仅应当是一名航海专业人员,还应当是一名安全专业人员。

鉴于上述共识,航海类院校纷纷对海上专业的学生开设专门的安全课程,系统地讲授安全的基本原理和应用,并与分散在各专业课程中的安全操作知识结合起来,构建较全面和系统的航海安全理论体系。这不仅有助于学生获得识别、评估、控制海上风险的能力,还有助于他们对安全法规、制度和要求的理解、内化和执行,有利于融入和提升船上的安全文化。

本书在编写过程中,结合多个典型的海上事故案例,旨在使船舶驾驶专业的学生能以形象和直观的方式掌握安全的基本原理,事故模式理论和预防的基础知识,安全生理、心理和行为的原理,安全信息的认知和处理,海上通航系统与分析方法以及安全管理和安全文化等,为未来的在船安全职责打下坚实的基础。

本书由青岛远洋船员职业学院张铎教授担任主编,并编写第一章、第三章至第六章、第八章第一节;重庆交通大学盛进路博士参与编写第二章和第八章第二、三节。全书由张铎教授负责统稿。江苏海事职业技术学院於健教授担任本书的主审。

本书在编写过程中,参考和引用了国内外大量的文献资料,由于篇幅所限,未能在书中一一列出,在此向原著者表示感谢。

限于编者的水平,书中谬误和不当之处在所难免,恳请读者批评指正。

编　者

2014 年 1 月

目 录

第一章 安全概述

安全，是人类生存和发展的最基本要求，是生命与健康的基本保障。一切生产、生活活动都源于生命的存在；人如果失去了生命，也就失去了一切。

从人类对科学活动需要的角度来说，科学大致有两个方面：一是人类为满足物质生活和社会文化生活的需要，对物质生产和精神生产及其规律进行的认识活动和认识的结果，我们称其为生产科学；二是人类为保全自己的身心而对客观事物及其规律进行的认识活动和认识的结果，我们称其为安全科学。在这里，"安全"是广义的，其中包含着人的健康、舒适、愉快乃至享受。由于安全现象极为普遍地存在于人类生产和生活的所有活动的时间和空间领域，司空见惯，其中统一的科学规律性反而不易被人们认识。同时，尽管这门科学和人类利益联系极为密切，但人们对它的研究仍不充分，更缺乏自觉。因此，人们需要广泛地进行研究，以认识和掌握其中的科学规律性，能够更安全地工作和生活。

第一节 安全的概念及特征

一、安全的由来及本质

（一）安全问题的产生

任何事物的发展都有两个流向，一个是自然流向，另一个是人为流向。

按事物本身的动力作用来说，它总要按自然状态发展，但也受随机因素的控制与调节。事物按其自然流向总有产生、发展、衰退以及消亡的过程，部分事物在此过程中会产生危害、危险，从而产生了安全问题。这就是事物的自然流向所带来的安全问题。

事物的人为流向是指事物在人类活动影响下发生和发展的过程。人类在生产和生活过程中并不满足于现状，要设法遏制其自然流向，改变事物的发展过程，为人类服务。这时，就出现了保持协调、相互适应的问题。人类处于不同的社会发展阶段，对自然界或生产、生活系统的改变是不同的，也就出现了不同的安全问题。自从人类诞生以来，就离不开生产和安全这两个基本要求。然而人类对安全的认识却长期落后于对生产的认识。

安全与人类所从事的各种活动是密不可分的，纵观人类社会的进步与发展，安全思想贯穿始终。在远古时代，人类祖先挖穴而居，栖树而息，完全是大自然的一部分，是一种纯粹的"自然存在物"，完全依附于自然。当时的人类，在自然界面前是软弱被动的，不仅受到雷电、风暴、地震和火灾等自然灾害的困扰，甚至野兽的侵袭也可以造成氏族的消亡。在经济发展时代，人类为了满足自我基本安全生存条件的需要，学会了利用大自然逃避各种灾难，形成了基本的安全观念。安全是人类生存和发展的基本要求，是生命与健康的基本保障；一切生产、生活活动都源于生命的存在，人们如果失去了生命，也就失去了一切，安全就无从谈起。因此，安全就是生命。

（二）安全的本质

如前所述，安全是指人的身心免受外界不利因素危害的存在状态（包括健康状况）及保障条件。无危则安，无损则全。安全与否是从人的身心健康活动的角度提出的，是针对与人的身心存在状态（包括健康状态）直接或间接相关的事或者物而言的。

人们对安全的认识难度往往比对事故大，因为事故比较直观，对人们的影响比较深刻，人们容易从其危害中加以认识。而安全给人们的印象是同事故相对存在的，只有社会属性，没有自然属性。长期以来，人们对安全虽然从多方面进行了深入的思索与探讨，但大多停留在感性认识上，没有深入到安全的内在加以认识。目前人们对安全认识大致有如下五种类型：

1. 从事故的危害中认识到，安全是人们赖以生存和发展的最基本的需要之一。安全是人类生存、社会发展、经济繁荣的条件。企业安全生产、人们安全生活是人类社会永恒的主题。

2. 从安全与事故的相对存在中认识到，安全是指没有危险、不受威胁、不发生事故的环境；安全等于无事故，安全是指人们没有受到伤害、设备没有损坏、财产没有损失的状态。

3. 从安全与事故之间的联系中认识到，安全系判明的危险性不超过允许限度，危险系判明危险发生概率以及有害性超过了允许限度，安全是可以接受的危险等。

4. 从安全内容的扩展中认识到，安全对于人的身心而言，不仅仅是人的躯体不死、不伤、不病，更是要保障人的心理、生理的安全与健康；其次，安全设计的范围超出了生产过程、劳动生产的时空领域，拓展到人能进行活动的一切领域，可以延伸到人能生活、生存的一切地方；再次，随着社会文明、科技进步、经济发展、生活富裕的程度不同，人们对安全要求的水平和质量也不同。

5. 从安全的存在中认识到，安全是一种状态。如船舶安全营运的状态、人们生活的状态、消防的安全状态、自然界的生态平衡、社会的安定局面等。

人们从不同角度产生的安全认识，绝大多数具有一定的正确性，但均属于感性认识，是对安全的现象认识，其中也具有对安全的假象认识，如把安全称为可以接受的危险，就是对安全的一种假象的认识。在安全这一客观事物中，只有围绕着安全本身反复出现的现象，才易于反映和暴露它所包含和隐藏着的安全本质和规律，成为人们认识安全本质和规律的向导。

在这里需要说明的是，对安全现象的认识，即对安全的感性认识，是不能解决安全本质问题的。例如,用不受威胁、不发生事故的感性认识指导安全工作,必然导致就事论事地认识与解决一些威胁人们生产、生活的表面问题,不能从本质上解决如何保持稳定安全局面的问题;又如,用“安全系判明的危险性不超过允许限度”的概念去指导实践,就会导致人们对安全的追求停留在“可以接受的危险”的水平上,给客观事物留下危险因素(隐患)而导致事故发生。

可见,把安全理解为“系判明的危险性不超过允许限度”不符合实际;安全就是安全,危险就是危险,两者有本质上的区别,不能混为一谈。在安全中掺杂了危险因素也就不安全了,因为危险就是隐患,会导致事故发生。因此,对安全的认识既不能是名词解释,也不能停留在感性阶段。只有运用安全现象揭示出安全的本质及其运动规律,确认安全和安全规律,产生预防事故的理论与方法,用于指导实践,才能超前地、有效地预防事故的发生,实现安全生产、安全生活,达到减少事故发生的目的。

生产安全的本质,是生产实践符合生产规律的规律运动,具有安全必然性。它通过总结安全生产的历史经验教训,联系生产实践,遵循生产规律,实现安全生产。例如,通过在生产中按章办事、保障设备符合规章要求从而实现了安全生产的事实中认识到,遵章守法而构成的生产实践符合生产规律的表现形式,其内在本质联系所具有的安全必然性及生产实践的规律运动,就是安全的本质。这是因为,安全规章制度是人们在长期生产实践中,通过总结安全生产经验和吸取事故教训,从正、反两个方面具体认识了生产规律,逐步建立健全符合生产规律的产物。所以,按安全规章制度办事,就是按安全生产规律办事,生产必然安全。

二、安全的概念

安全与人们的生产、生活息息相关。因此,产生了大量的有关安全的概念。安全有狭义安全和广义安全之分。狭义安全是指某一领域或系统中的安全,如生命安全、财产安全、设备安全、系统安全、信息安全、环境安全、交通安全、船舶安全等,每一类安全都代表了特定的安全问题,有特定的含义。广义安全,即大安全,是以某一领域或系统为主的安全扩展到生活安全与生存安全领域,形成生产、生活、生存领域的大安全。那么,安全科学中的“安全”到底具有什么样的含义呢?

从以上的安全用语可以看出,安全表述的是一个复杂物质系统的动态过程或状态过程,状态的目标是使人、物不会受到伤害或损失。安全也可表述为人们的一种理念,即人、物不会受到伤害或损失的理想状态。安全还可表述为一种特定的技术状态,即满足一定安全技术指标要求的状态。

但更重要的是,安全与否是从人的身心需求的角度或着眼点提出来的,是针对与人的身心存在状态直接或间接相关的事或物而言。因此,对于与人的身心存在状态无关的事物来说,根本不存在安全与否的问题。这里“直接或间接相关的事或物”包括人的躯体和身心存在状态,也包括造成这种存在状态的各种外界客观事物的保障条件。

因此,安全是人的身心免受外界(不利)因素影响的存在状态(包括健康状况)及保障条件。换言之,一般认为,安全通常是指各种事物对人不产生危害、不导致危险、不造成损失、不发生事故、运行正常、进展顺利的状态。

三、安全的基本特征

安全科学是研究安全的本质及其运动规律的科学。安全的本质是实现人、物、环境之间的

相互协调,要认识安全的本质,首先就需要探讨其基本特征。安全的基本特征主要表现为以下几点:

(一)安全的必要性和普遍性

安全是人类生存的必要前提,作为人的身心状态及其保障条件是绝对必要的。而人和物遭遇到人为的或天然的危害或者损坏极为常见,因此,不安全因素是客观存在的。人类生存的必要条件和首要条件是安全,如果生命安全都不能保障,生存就不能维持,繁衍也无法进行。

实现人的安全又是普遍需要的。在人类活动的一切领域,人们必须尽力减少失误、降低风险,尽量使物趋向本质安全化,使人能控制和减少灾害,维护人与物、人与人、物与物协调运转,为生产活动提供必要的基础条件,发挥人和物的生产力作用。

(二)安全的随机性和相对性

“安全”一词描述的是一种状态,但这种状态也决非一种事故为零的所谓“绝对安全”的概念。从科学的角度讲,“绝对安全”的状态在客观上是不存在的。平安也好,安全也好,其本身就带有很大的模糊性、不确定性和相对性。所以,“安全状态”具有动态特征,也就是说安全所描述的状态具有动态特征,是随时间而变化的。安全的动态特征还体现在安全描述的不只是一个相对稳定的状态特征,还可作为对事故安全过程的一种表征。过程表征和状态表征最本质的区别就在于前者描述的是事物的发展趋势,后者描述的是一种目标。从这个角度讲,安全一词表述的又可认为是动态过程。

从安全技术的角度来看,产品的安全性能是不断发展和完善的,其安全技术标准要求是不断提高的,因此,保障安全的条件是相对的,限定在某个时空内,条件变了,安全状态也会发生变化。对某一设备而言,也无绝对的安全。某一事物在特定条件下是安全的,但在其他条件下就不一定是安全的,甚至可能很危险(即安全具有相对性)。绝对的安全,即100%的安全是安全性的最大值(即理想值),这很难甚至不可能达到,却是人们努力追求的目标。在实践中,人们客观上自觉或不自觉地认可或者接受某一安全性(水平),当实际状况达到这一水平,人们就认为是安全的,低于这一水平,则认为是危险的。

(三)安全的局部稳定性

无条件地追求系统的绝对安全是不可能的,但有条件地实现局部安全是可以达到的。只要利用系统工程原理调节、控制安全的要素,就能实现局部稳定的安全。安全协调运转正如可靠性及工作寿命一样,有一个可度量的范围,其范围大小由安全的局部稳定性所决定。

(四)安全的经济性

安全是可以产生效益的。从安全的功能看,可以直接减轻或免除事故或危害事件给人、社会或自然造成的损伤,实现保护人类财富、减少无益损耗和损失的功能;同时还可以保障劳动条件和维护经济增长,实现其间接为社会增值的功能。

(五)安全的复杂性

安全与否取决于人、机、环境及其相互关系的协调,实际上形成了人(主体)—机(对象)—环境(条件)的运转系统,这是一个自然与社会结合的巨大的开放型系统。在安全活动中,人是安全的主体,包括了人的思维、行为、心理和生理等因素以及人与社会的关系,即人的生物性和社会性,使得安全问题具有极大的复杂性。安全科学的着眼点是从维护人的安全角度去研究某系统的状态，最终使该系统成为安全系统。

（六）安全的社会性

安全与社会的稳定直接相关，无论是人为灾害还是自然灾害，如生产中出现的伤亡事故，交通运输中的车祸、空难，家庭中的火灾，产品对消费者的危害，药物与化学产品对人健康的影响，甚至旅行、娱乐中的意外伤害等，都将给个人、家庭、单位或社会群体带来心灵和物质上的危害，成为影响社会安定的重要因素。

（七）安全的潜隐性

对各类事物的安全本质和运动变化规律的把握程度，总是受人的认识能力和科技水平的局限。广义安全的含义，不仅考虑不死、不伤、不危及人的生命和躯体，还必须考虑不对人的行为、心理造成精神和心理伤害。客观安全包括明显和潜隐的两种安全因素，它客观存在且不以人的意志为转移。当今人们认为安全的概念，只能是宏观安全，它包括能识别、感知和控制的安全和无法把握、控制的模糊性安全。安全的潜隐性是指控制多因素、多媒介、多时空、交混综合效应而产生的潜隐性安全程度。人们总是努力使安全的潜隐性转变为明显性。因此，安全的潜隐性问题待人们研究，只有通过探索、实践才能找到实现安全的方法。

四、安全的属性

众所周知，安全是人类生存和发展的最基本需求。安全与众多学科密切相关，例如，安全条件与自然科学有关，安全机制与人体科学和思维科学有关，安全管理与系统科学和社会科学有关。因此，安全具有自然属性和社会属性。安全科学是一门跨门类、综合性很强的横断科学，也是一门典型的交叉科学。

此外，安全的自然属性反映在，安全是人的生理和心理的需要。而安全的社会属性反映在，自从人类有组织活动以来，社会的安定、有序、进步始终是各社会阶段追求的目标，而这一目标实现的重要标志之一就是安全，这是促进社会安全的主动因素。但人类的社会活动，例如政治、军事、文化、社交等，有的对社会直接起破坏作用，有的间接影响着安全，例如交通事故、环境灾害等，则是自人类开展经济活动以来存在的突出的安全问题。

安全与事故是对立统一、相互依存的关系，即有了事故发生的可能性，才需要安全；有了安全的保证，才可能避免事故的发生。安全与事故的关系还具有如下特征：

（一）安全的极向性

这一属性有如下三层含义：

1. 安全科学的研究对象（事故、危害与安全保障）是一种“零—无穷大”事件，或称“稀少事件”。即事故或危害事件具有如下特点：一是事故发生的可能性很小（趋向零），而一旦发生，后果却十分严重（趋向无穷大），如客轮沉没造成的人员伤亡事故；二是危害事件的作用强度有时很小，但具有累积效应，危害涉及的范围或人数广而多，如船舶事故性溢油造成的污染事故对海洋环境的损害等。

2. 描述安全特征的两个参量——“安全性”与“危害性”——具有互补关系。即：安全性=1-危害性。当安全性趋于极大值时，危害性趋于极小值，反之亦然。

3. 人类从事的安全活动，总是希望以最小的投入获得最大的安全。

(二)避免事故或危害的有限性

避免事故或危害的有限性,这一属性包括两层含义:

1. 各种生产和生活活动过程中事故或危害事件是可以避免的,但难以完全避免。

2. 各种事故或危害事件的不良作用、后果及影响可能避免,但难以完全避免。

因此,安全与避免事故相关,有了事故,才需要安全,安全是为了不发生事故。要认识安全的规律,首先必须了解事故的基本特征、事故原理及事故的预防原则。

第二节　安全认识的历程

一、安全在人类历史不同发展阶段的特点

在远古时代,生产力极为低下,人类改造自然的能力较低,而安全问题也主要来自于自然,比如水灾、野兽侵袭等,人只是被动地依附于自然。

农业经济时代,人类为了满足自我基本安全生存条件的需要,学会了利用大自然并尽可能逃避各种灾难,形成了最基本的安全观。但同样,由于利用的资源有限,产生的安全问题大多数来自于自然。

在工业时代,人类利用技术开发资源、制造机器,可以说技术无处不在,技术给人类带来了文明和财富,同时也伴随着新的灾难。现代高科技的发展更是令人喜忧参半。人类在20世纪所取得的成就多于此前人类所取得的总和,但是20世纪人类所经历的灾害事故比历史上任何一个时期都更惨重,更从根本上危及人类的生存。在这一时期,各个行业经过无数次血的教训,各自逐渐形成较为系统的安全理论与技术。

科学技术的进步在很大程度上改变了灾害的原有属性,使得许多自然灾害成为人为灾害,使许多原本危害程度较低的灾害上升为人类无法控制、造成巨大损失的灾难。

二、安全认识的历程

人类自诞生以来,就离不开生产和安全这两大基本需求。然而,人类对安全的认识却长期落后于对生产的认识。随着生产力和科学技术的高度发展,保障安全的必要性、迫切性和实现安全的可能性都在同步增长。安全认识的历史发展过程,大致可以分为四个阶段:

第一阶段是无知安全认识阶段。生产力和仅有的自然科学都处于自然和分散发展的状态,人类对自身的安全问题还未能自觉地加以认识和主动地采取专门的安全技术措施。

第二阶段是局部安全认识阶段。生产中已使用大型动力机械和能源,导致生产力和危害因素同步增长,迫使人们对这些局部人为危害问题不得不进行深入认识并采取专门的安全技术措施。

第三阶段是系统安全认识阶段。由于形成了军事工业、航空工业,特别是原子能和航空技术等复杂的大生产系统和机器系统,局部的安全认识和单一的安全技术措施已经无法解决这类生产制造和设备运行系统的安全问题,必须发展与生产力相适应的生产系统、安全技术措施,从而进入了系统的安全认识阶段。

第四阶段是动态的安全认识阶段。当今的生产和科学技术发展,特别是高科技的发展,虽然极大地促进了生产力的发展,但由于系统的高度集成,一旦出现事故,带给人类的灾害也是相当严重的,更由于系统是不断发展和变化的,静态的系统安全技术措施已不能满足人们对安全的需求。因此,人们要求对系统的运行进行动态的掌握,以达到安全生产的目的,随之带动人们对安全的认识进入一个新阶段。

三、科技发展带来的安全问题

科学技术的发展增强了人类适应和改造生存环境的能力,但同时也给人类带来了诸多安全问题,特别是交通运输、航空航天、工业矿山、核设施等领域的安全问题日益突出,其中交通事故是人类非战时意外死亡的主要原因。例如,1912 年 4 月 10 日,英国豪华客船“泰坦尼克”号在处女航途中,撞上冰山而沉没,遇难人数多达 1 522 人;1977 年 3 月 27 日,分属泛美航空公司和荷兰航空公司的两架波音 747 大型客机在西班牙机场相撞,机上 582 名乘客和机组人员全部遇难;1987 年 12 月 20 日晚,菲律宾客船“多纳 · 帕兹”号在驶往马尼拉的途中与油船“维克托”号相撞,两船沉没,4 375 人遇难;1994 年 9 月 28 日凌晨,豪华客船“爱沙尼亚”号在芬兰西南部波罗的海沉没,823 人遇难;1999 年 11 月 24 日,从烟台驶往大连的滚装客船“大舜”号在烟台附近海域倾覆,290 人遇难。

我国每年约有 10 万人死于各类交通事故,这些安全事故造成的财产损失以及对环境的破坏更是令人触目惊心。

第三节 安全科学及其学科体系

一、安全科学的定义

安全科学本身是一个动态的、不断发展变化的科学体系。因此,在其发展中的各个阶段对安全科学的定义也不尽相同。

安全科学的主要目的是保持所使用的技术危害作用绝对的最小化,或至少使这种危害作用被限制在允许的范围内。为实现这个目标,安全科学的特定功能是获取及总结相关知识,并将发现和获取的相关知识引入安全工程中来。这些知识包括应用技术系统的安全状况和安全设计,以及预防技术系统内固有危险的各种可能性。

基于上述认识,有学者认为,安全科学是研究人、环境和技术之间的关系,即以建立这三者的平衡共生状态为目标,或者说安全科学是专门研究人们在生产及其活动中的身心安全,以达到保护劳动者及其活动能力的科学,是保障其活动效率的跨门类、综合性的科学。

如前所述,“安全”是指人的身心免受外界(不利)因素影响的存在状态(包括健康状况)及保障条件;“科学”是人类认识和揭示客观事物的本质及其运动、变化规律的活动过程及其系统的成果,其最终目的是解决客观事物是什么和为什么的问题。因此,安全科学是认识和揭示人的身心免受外界(不利)因素影响的安全状态及保障条件和其转化规律的学问,即安全科学是专门研究安全的本质及其保障条件和转化规律的科学。

二、安全科学的发展历程

在16世纪,西方开始进入资本主义社会。到了18世纪中叶,蒸汽机的发明给社会发展提供了新的动力,将人类从繁重的手工劳动中解脱出来,劳动生产率空前提高,同时,生产事故也空前增多。工伤事故的频繁发生以及劳动者的斗争和大生产的实际需要,促使人们不得不重视安全工作,迫使西方各国先后颁布劳动安全方面的法律和改善劳动条件的有关规定。工业革命导致安全事故的快速增长,资本所有者不得不拿出一定资金改善工人的劳动条件,同时需要一些工程技术人员、专家和学者研究生产过程中不安全、不卫生的问题,这样逐渐形成了局部的安全技术理论。

在19世纪后期,为减少生产事故和职业病的发生,德国和荷兰等国家先后建立了防止生产事故和职业病的保险基金会等组织,并赞助建立了一部分非营利性的科研机构。如德国于1863年建立的威斯特伐利亚采矿联合保险基金会,1871年建立的研究噪声与震动、防火与防爆、职业危害防护理论与组织等内容的科研机构,1887年建立的公用工程事故共同保险基金会和事故共同保险基金会;1890年荷兰国防部支持建立了以研究爆炸预防技术与测量仪器以及进行爆炸性鉴定的实验室,这时才形成了专门的安全研究机构。20世纪初,许多西方国家建立了与安全科学有关的组织和科研机构,这是大规模研究机构的形成期。

三、安全科学的研究对象

(一)安全科学的研究内容

安全科学主要是研究安全与否的矛盾运动规律的科学,以研究安全与危险的发生发展过程、揭示其原因及其防治技术为目标。具体地说,安全科学研究的内容主要有以下几个方面:

1. 安全科学的基础理论

人类面临的安全问题是各种各样的,各自都有自己的特殊规律,但在安全的本质问题上有其共性的规律。安全科学的基本理论就是在马克思主义哲学的指导下,应用现阶段各基础学科的成就,建立事物共有的安全本质规律。要创建安全科学的理论及其技术体系,首先必须掌握科学哲学的思想、系统科学的方法以及科学学的内容与框架,并且要把这三大科学基础所揭示的一般规律,转变为更具体的安全科学哲学思想、安全系统科学方法、安全科学学内容与框架。

2. 安全科学的应用理论与技术

研究安全科学的应用理论与技术的问题,包括研究安全系统工程、安全控制工程、安全管理工程、安全信息工程、安全人机工程和各专业领域的安全理论与技术问题。

3. 安全科学的经济规律

研究安全经济的基本理论,职业伤害事故经济损失规律,安全效益评价理论,安全技术经济管理与决策理论等。

(二)安全科学的研究领域

从根源上看,事故灾害是人、技术、环境综合或部分欠缺的产物。从另一角度看,人类安全活动所追求的是保护系统中的人、技术、设备及环境。从实现安全的手段上看,除了技术措施,还需要人的合作、环境的协同。因此,安全系统是由人(Man)、环境(Environment)、技术(Technology)构成的复合系统。按照系统论的思想,可以把安全系统看作一个复杂系统,即MET系统(MET的三个字母分别表示人、环境和技术),如图1-1所示。

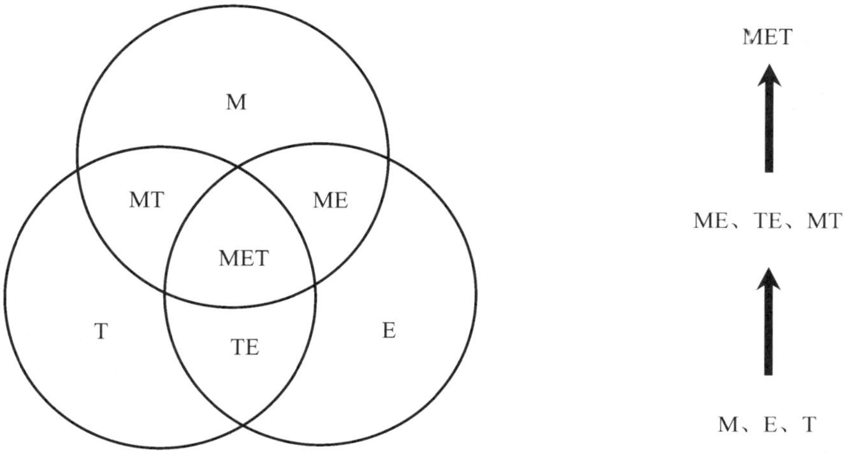

图1-1 安全科学的研究领域

MET系统概括出了安全科学的研究领域,即安全系统包括了7个基本子系统,每一基本子系统提出的安全命题是:

M(以人为主的子系统):安全心理、安全生理、安全教育、安全行为;

E(以环境为主的子系统):物化环境(劳动卫生环境、防尘、防毒、噪声与震动控制、辐射防护、"三废"治理)、理化环境(社会环境、社会伦理、社会经济、体制与管理);

T(以技术为主的子系统):可靠性理论(本质安全化)、安全技术(防火、防爆、机电安全、运输安全等);

MT(以人和技术相结合的子系统):人机关系、人机设计;

ME(以人和环境相结合的子系统):人与环境的关系、职业病理、环境标准(作业环境标准);

ET(以环境和技术相结合的子系统):环境检测、自动报警与监控、技术风险;

MET(以人、环境和技术三者相结合的子系统):安全系统工程、安全管理工程、安全法学、安全经济学。

四、安全科学的学科体系

(一)构成安全整体的组成部分

为了把握安全的本质及其变化规律,必须首先研究安全问题到底由哪些要素构成,各要素如何相互作用。在日常生产、生活活动和社会活动中,与安全问题直接或间接发生关联的不外乎是人、物以及人与物的联系。

1. 人,安全人体,是安全的主题和核心,是研究一切安全问题的出发点和归宿。人既是保护对象,又可能是保障条件或者危害因素,没有人的存在就不存在安全问题。

2. 物,安全物质,可能是安全的保障条件,也可能是危害的根源。能够保障或危害人的物质存在的领域很广泛,形式也很复杂,甚至可以说它散布在人类身心之外的所有客观事物之中。

3. 人与物的关系，包括人与人以及物与物的关系。广义上讲这是人安全与否的纽带，既包括人与物的存在空间和时间，又包括能量与信息的相互联系。为了体现以安全为主体的概念，在这里称“人”为“安全人体”，称“物”为“安全物质”，称“人与物”（包括人与人以及物与物）为“安全人与物关系”，其中“安全人与物”的时间、空间与能量联系为“安全社会”，而“安全人与物”的信息与能量的联系称为“安全系统”。

通过对安全与否的全面深入分析，不难得出安全人体、安全物质和安全社会（即安全人与物关系）构成安全三要素，加上安全的整体性因素——安全系统，形成安全整体的四类不同性质的组成部分（即四要素）。

安全要素是指在特定的（即理想的）状态下，仅自身就能独立地成为实现安全的充分条件。例如，“安全人体”，如果能对危害因素具有绝对抵抗能力，“安全物质”，如果对人绝对无危害，或者“安全人与物关系”，如果在时间、空间和能力及信息上与人绝对不发生危害性的联系，只要三者能居其一，结果都是安全的。因此称它们为“安全三要素”。但是上述理想状态在现实中是不存在的。为达到和保持安全状态，需要在现有的三要素基础上，通过安全系统的信息对各安全要素进行能量的运筹、调节、匹配和控制，使之达到和保持整体上的安全状态。

（二）安全科学学科体系结构

根据安全人体、安全物质、安全社会和安全系统四种安全因素的不同属性和作用机制，对安全进行纵向学科分类并进行不同认识高度的理论分层，分析其全面联系并加以全面展开，便构成一个功能完整的安全科学学科体系结构，如下所示：

1. 安全科学学科体系中的哲学层次——安全观

它是安全科学的最高理论概括，也是安全的思想方法论和认识论，指导人们科学地认识和解决安全问题，揭示出安全的本质，即回答安全是什么。

2. 安全科学学科体系中的基础科学层次——安全学

它是研究安全基础理论的，它的任务是发现安全的运动、变化机制等的基本规律，从而从根本上揭示安全的机理问题。

3. 安全科学学科体系中的技术科学层次——安全工程学

它与基础科学的分支学科相对应，由安全技术工程学、安全社会工程学、安全系统工程学和安全人体工程学四类技术科学分支学科构成。

4. 安全科学学科体系中的工程技术层次——安全工程

它直接为实现安全服务，是进行安全预测、设计、施工、运转、总结和反馈、提高等一系列具体安全技术活动与方法的总称。

五、安全科学的主要研究内容

科学是人类对现实世界认识成果的系统总结，任何科学都有特定的研究内容。安全科学是研究事物安全与危险矛盾运动规律的科学，研究安全与危险的发生、发展过程，揭示事物安全与危险的原因及后果，以及它们之间特有的相互关系。安全科学研究的内容包括如下几个方面：

（一）安全科学的基础理论

人类面临的安全问题是各种各样的，都有其各自的特殊规律，但在安全的本质问题上有其共性的规律。安全科学的基本理论就是在马克思主义哲学的指导下,应用现阶段各基础学科的成就,建立事物共有的安全本质规律。

(二)安全科学的应用理论与技术

研究安全科学的应用理论与技术问题,其中包括安全系统工程、安全控制工程、安全管理工程、安全信息工程、安全人机工程和各专业领域的安全理论与技术问题。

(三)安全科学的经济规律

研究安全经济的基本理论,职业伤害事故经济损失规律,安全效益评价理论,安全经济管理与决策理论等。

第四节　航海安全的特殊性

航海是人类的一种特殊实践活动,具有鲜明的职业特点,对船员的思维和行为模式都有特殊的要求。

一、船员责任域的特殊性

在现行的航海培训和发证体系下,一名船员在二十几岁时就具有独立航行值班的资格。在独立值班时,其责任域(即责任范围)包括了船舶、货物、人命和环境等多个方面,且价值极高,影响范围极广,这在其他行业中是极少见的。不言而喻,船员责任域的上述特殊性对船员的思维模式、行为准则等多个方面提出了特殊的要求。

二、航海实践的例行事务性

人类的创新活动是探求未知知识的过程,失败在所难免,失败也是最终成功的基础。因此,在创新活动中,失败被认为是正常的现象,海员就是在这一理念下培养起来的。但是航海不同于通常的创新活动。随着科技的发展,特别是信息和导航技术的普及与应用,现代航海不再是海上冒险。现代航海主要是以完成既定的航程为目标,具有“例行事务”的特点,不要求船员努力创新,同时也不允许失败。

三、航海的务实性

航海是时刻与自然风险对抗的过程。违背了客观规律,就会受到惩罚,而且其后果立即可见。因此,船员必须务实、客观,来不得一点虚假。在此方面,相关法规有所反映。例如,《1989 年国际救助公约》以及我国的《海上交通安全法》、《海商法》,甚至《船员条例》都规定,对于海上遇险的船舶和人员,在不严重危及自身安全的情况下应尽力施救。这与通常“舍己救人”的观点不同。再如,《STCW 公约》在强制性值班标准部分规定,值班驾驶员在航行值班时,如果感到疲劳以至于难以保证安全值班,则应毫不犹豫地通知船长。这与通常的“不怕疲劳,坚守岗位”的观点不同。

四、日常工作的戒备性

避险是船员基本和例行的工作,但船舶安全主要依赖戒备性措施的保障。戒备性措施有以下特点:第一,表面上,戒备性措施影响了工作的效率。例如,雾中减速航行影响了船舶的速遣性。第二,戒备性措施太麻烦,给人束缚。例如,进入封闭空间时,要依据检查单进行通风、测试等程序才能进入。第三,违反戒备措施,事故并非一定发生。例如,雾中违反安全航速的规定而高速航行,并非一定会发生碰撞。第四,戒备性措施缺少现实的积极效果,不能给船员奖励性反馈,令人生厌,不能长时间持续坚持。

戒备性的措施只具有统计学上的意义,戒备性措施的效果不能立即可见,而违反戒备性措施的"省事"效果则可以立即可见。当事人只看到了戒备性行动的麻烦,没有看到其效果,往往难以长时间坚持。而戒备性措施的采取是以遵守操作程序为保障的。

从船员的上述工作特点来看,船员在工作中应当务实、稳健,具有程序性意识,按部就班,不要求创新思维,但应当具有理性的安全思维。综合来看,船员应具有这种以安全为导向的程序性理性思维。

五、新船员在安全意识上的不足

船员在涉足海上职业之前已经学习了较系统的基础知识,但仍具有下列特点和不足:

(一)职业责任感较弱

船员在上船之前,在学校和社会中通常属于被管理者,因此其责任域较小,责任感也相应较弱。但在毕业实习后很快会独立值班,其责任域突然变得巨大,相应地需要具有极强的职业责任感。从实践来看,船员不会因其责任域的突然增大而立即感到并保持航海实践所需的高度责任感。

(二)缺乏安全意识

船员在学习阶段通常只接受了"创新"和"失败是成功之母"等普通公共教育,未接触过航海专业教育,还不了解航海实践的特殊性,没有系统学过安全知识,安全意识普遍较弱。

(三)程序意识较弱

陆地上的工作和生活丰富多彩,灵活多变。习惯了这一"灵活"的思维模式,显然不习惯海上工作中按部就班的死板模式。在船工作时,船员难以按照操作规程和安全手册的要求履行职责,喜欢"走捷径"。

《ISM 规则》的实施将质量控制的理念引入了航海实践。质量控制的基本思想是规范性和程序性,以程序保证质量。多年的实践证明,《ISM 规则》的实施对规范航运公司和船员的操作行为、保障船舶航行安全具有重要作用。但是,《ISM 规则》仍无法代替船员的安全意识和职业思维模式。在此情况下,船员安全意识和良好职业思维模式的养成仍是航海教育和培训的重要任务。依据教育心理学的理论,一种职业思维模式的培养需要长期的努力,既需要理性的认识,又需要感性的养成。

思考题

1. 对安全的认识大致有哪几个渠道？
2. 什么是安全？
3. 安全的基本特征是什么？
4. 安全的极向性有哪几层含义？
5. 人类对安全认识的历程大致有哪几个阶段？
6. 什么是安全科学？其研究内容有哪些？
7. 航海安全有哪些特殊性？
8. 新船员在安全意识上有哪些不足？

第二章 事故模式理论及预防原则

为了预防和避免事故的发生,需要探查事故发生和发展的机理和规律。经过长期的探索,人们从不同的角度掌握了事故的特征和发生规律,为事故预防提供了理论依据。

第一节　事故及其基本特征

一、事故及其影响因素

事故是人们在实现其目的的行动过程中,突然发生的、迫使其有目的的行动暂时或永远终止的一种意外事件。这一界定有三重含义:一是讲事故的背景,即“存在某种实现目的的行动过程”,例如为完成运输任务进行的海上航程等;二是说“突然发生了意想不到的事件”,即事故是随机事件;三是讲事故的后果,指出它迫使行动暂时或永远终止。

事故有生产事故和非生产事故之分,由于生产活动是人类一切其他活动的基础,因此,生产事故是我们所要着重讨论的对象。

(一)生产事故

生产事故是指在生产过程中船舶突然发生的伤害人体、损坏财物、影响生产正常进行的意外事件,如船舶触礁、溢油、沉没等。

经典案例分析

"金盛"船与"金玫瑰"船碰撞案

2007 年 5 月 12 日凌晨,"金盛"船与"金玫瑰"船于雾中在烟台北部海域发生碰撞,导致"金玫瑰"船船体破损沉没,船货全损,16 名船员全部死亡或失踪,沉船中燃油溢出,污染了海洋环境;同时导致"金盛"船船体破损。

根据生产事故所造成的后果的不同,有设备事故、人身伤亡事故、未遂事件(Near Miss)等 3 种。人身伤亡事故又称工伤事故。

(二)工伤事故

在生产实践和生产活动区域内,由于受生产过程中存在的危险因素的影响,或虽然不在生产和工作岗位上,但由于生产环境、设备或劳动条件等不良影响,致使身体受到伤害,暂时地或长期地丧失劳动能力的事故,称为工伤事故。

1. 工伤事故构成要素

工伤事故由伤害部位、伤害种类和伤害程度三要素构成。

1)伤害部位,是指人体受到伤害的部位,即头、躯干、内脏等。

2)伤害种类,是指人体受到伤害的种类,如窒息、烧伤、中毒等。

3)伤害程度,是指伤害后果的严重程度,如死亡、重伤、轻伤,或分为死亡、丧失劳动能力(终身残疾)、部分丧失劳动能力(局部致残)、暂时不能劳动、医疗但不休工、无伤害等。

2. 工伤事故类别

工伤事故类别是按伤害原因和状况进行分类的,例如高处坠落、中毒、窒息、物体打击、机器工具伤害、触电、淹溺、火灾等。

3. 工伤事故的主要影响因素

从宏观上看,工伤事故的产生主要受自然界因素(如恶劣海况)的影响以及非自然界因素的影响,后者也被称为人为事故,前者往往非人力所能左右。因此,这里着重考虑后者,即着重考虑非自然界因素的影响所造成的工伤事故。目前认为,工伤事故是由不安全状态或不安全行为所引起的,它是物质、环境、行为等诸多因素的多元函数。具体地说,影响事故是否发生的主要因素有五项:人、物、环境、管理和事故处置。

1)人的原因。由人的不安全行为导致事故。引起这些不安全行为的主要原因有:缺乏安全知识和经验或不知道有危险;生理缺陷或生病、迟钝、体力不足;过度疲劳、睡眠不足;注意力不集中、操作时心不在焉;劳动态度不端正;醉酒;明知危险而放任自己的行为。引起人的不安全行为与人的素质、训练、教育等方面有关。

2)物的原因。物的不安全状态有:外部环境恶劣,如强风或浓雾;船舶设备和装置结构不良、强度不足;安全防护装置失灵等。物的不安全状态是构成事故的物质基础。没有物的不安全状态,就不可能发生事故。物的不安全状态构成生产中的隐患和危险源,当它满足一定条件时,就会转化为事故。

3）环境的原因。不安全的环境是引起事故的物质基础，是事故的直接原因。

4）管理的原因，即管理的缺陷。它是事故的间接原因，是事故的直接原因得以存在的条件。

5）事故处置情况。事故处置情况是指对事故前的异常征兆能否做出正确的判断和反应，一旦发生事故能否迅速地采取有效措施，防止事态恶化和扩大事故，以及抢救措施和急救措施是否妥当。

二、事故的基本特征

（一）事故的因果性

因果，即原因和结果。因果性即事物之间，一事物是另一事物发生的根据，是一种关联性。事故是许多因素互为因果联系发生的结果，一个因素是前一个因素的结果，而又是后一个因素的原因。也就是说，因果关系有继承性，是多层次的。

事故的因果性决定了事故的必然性。事故是一系列因素互为因果，连续发生的结果。事故因素及其因果关系的存在决定事故或迟或早必然发生，其随机性仅表现在何时、何地、何原因意外事件触发产生而已。

掌握事故的因果关系，砍断事故因素的因果链条，就消除了事故发生的必然性，就可能防止事故的发生。

（二）事故的偶然性、必然性和规律性

从本质上讲，意外事故属于在一定条件下可能发生也可能不发生的随机事件。就一特定事故而言，其发生的时间、地点、状况等均无法预测。

事故是由于客观存在不安全因素，随着时间的推移，出现某些意外情况而发生的，这些意外情况往往是难以预知的。因此，掌握事故的原因，可减少事故的概率，是防止事故发生的必要条件。但是，即使完全掌握了事故原因，也不能保证绝对不发生事故。

事故的偶然性还表现在，事故是否产生后果以及后果的大小如何都是难以预测的，反复发生的同类事故并不一定产生相同的后果。事故的偶然性决定了要完全杜绝事故发生是困难的，甚至是不可能的。

事故的必然性中包含着规律性。既为必然，就有规律可循。必然性来自因果性，深入探查、了解事故因果关系，就可以发现事故发生的客观规律，从而为防止发生事故提供依据。应用概率理论，收集尽可能多的事故案例进行统计分析，就可以从总体上找出带有根本性的问题，为宏观安全决策奠定基础，为改进安全工作指明方向，从而做到“预防为主”，实现安全生产的目的。

由于事故或多或少地含有偶然性，因而要完全掌握它的规律非常困难。但在一定范畴内，用一定的科学仪器或手段却可以找出它的近似规律，从外部和表面上联系，找到内部决定性的主要关系却是可能的。

从偶然性中暴露出必然性，认识事故发生的规律性，变不安全条件为安全条件，把事故消除在萌芽状态之中。这就是“防患于未然，预防为主”的科学根据。

（三）事故的复杂性、潜在性、再现性和预测性

事故的发生取决于人、物和环境的关系，具有极大的复杂性。

事故往往是突然发生的，然而导致事故发生的因素，即“隐患或潜在危险”却是早就存在的，只是未被发现或未受到重视而已。随着时间的推移，一旦条件成熟，就会显现而酿成事故，这就是事故的潜在性。

事故已经发生，就成为过去。时间一去不复返，完全相同的事故不会再次显现。然而没有真正地了解事故发生的原因并采取有效措施去消除这些原因，就会再度出现类似的事故。应当致力于消除这种事故的再现性，这是能够做到的。

人们根据对过去事故所积累的经验和知识，以及对事故规律的认识，并使用科学的方法和手段，可以对未来可能发生的事故进行预测。

事故预测就是在认识事故发生规律的基础上，充分了解、掌握各种可能导致事故发生的危险因素以及它们的因果关系，推断它们发展、演变的状况和可能发生的后果。事故预测的目的在于识别和控制危险，预先采取对策，最大限度地减少事故发生的可能性。

经典案例分析

“大庆 53”船爆炸沉没案

油船“大庆 53”船排水量为 21 020 t，载重量为 15 756 t，船总长 163.4 m，宽 26.6 m，共有 19 个货油舱。该油船为了在空载时将机舱的污水灌入货油舱内压载、平衡（停靠码头后再将污水输送到处理站处理），故而敷设了 1 条内径 80 mm，全长 80 m 的污水管，其中在甲板上平敷 66 m，通往机舱时垂直敷设 14 m。

1982 年 5 月 10 日，“大庆 53”船由上海驶往秦皇岛，空载行至山东省荣成石岛港东南 35 n mile 时，由于该污水管与蒸汽冲洗管连接处漏水，机匠长指挥一名机匠在机舱进行电焊作业以修补漏点。在焊接时，截止阀均未关闭，焊补时高达 2 000℃的焊弧点燃了管内原油蒸气，通过此管道又迅速燃烧到中 5 舱，引起舱内原油蒸气爆炸。中 5 舱爆炸后，燃起了大火，加速了其他油舱内原油蒸气的挥发，因而在几分钟后又发生了第二次爆炸。爆炸直接将驾驶台炸飞，导致包括船长、大副在内 8 人死亡，爆炸后该船快速沉没。由于船长因爆炸身亡，作为船上最高级别船员的政委惊慌失措，指挥船员释放救生艇筏不当，有 12 人落水后在冰冷的海水中死亡或失踪。

“大庆 62”船爆炸沉没案

油船“大庆 62”船系 1975 年 5 月大连红旗船厂建造。船舶总长 178.58 m，型宽 25 m，型深 12.60 m，总载重量 24 208 t。船上共有船员 45 名，其中甲板部 24 名，轮机部 21 名。

1992 年该船第二航次载原油 22 000 t，于 1 月 11 日驶离大连，13 日 18 时 40 分抵达上海金山石化总厂陈山码头，15 日 12 时 20 分卸毕原油驶离陈山，15 日 22 时在吴淞 2 号临时锚地锚泊等候补给。

1 月 18 日 11 时 45 分，该船在吴淞 2 号临时锚地补装渣油 200 t 后，14 时 30 分起锚驶往杨林油污水处理站。途中为了做好蒸舱准备，14 时 35 分左右，直接使用蒸汽灭火管道向货油舱内施放压力为 6 kg/cm^2 的蒸汽进行蒸舱。蒸舱过程中，因发现机舱内蒸汽管道旁通阀右侧的旁通管被蒸汽压力冲穿一小洞，于 14 时 55 分封闭了蒸汽灭火管道的总阀门。停止供汽后，为修复管道继续蒸舱，轮机长严某用一块 7 cm×7 cm×0.3 cm 的铁板覆盖在蒸汽管道被冲穿的洞口处，从右至左焊接。

焊接至 7 cm 时，严某用剩余焊条清除焊接熔渣，发现焊接处又烧穿一个 3 mm 左右的小洞，随即调换了一根电焊条直接对准小洞焊补。由于舱内残留的油蒸气及蒸舱时蒸发出的油蒸气与空气混合形成了爆炸性气体，一部分气体倒进处于负压状态的蒸汽管道内。当严某直接对孔洞焊补时，电焊明火与管道内的爆炸性气体接触，引起爆炸和燃烧，致使管道至货油舱连续爆炸和燃烧。

"大庆 62"船爆炸起火后，舯楼前主甲板向船头方向被炸开，甲板天桥、桅杆倒塌，舯楼严重烧损，舯楼后的两根桅杆严重向内倾斜，船体被炸变形、破裂，致使船舱进水，船舶下沉搁浅。事故中有 4 名船员受伤，4 名船员失踪。

第二节　事故模式理论

人们在实践中总结出两种减少和避免事故发生的途径。

第一种是在事故发生后吸取教训，找出进行预防的方法，即"问题出发型"方法。例如，从海事事故中查找事故原因，采取措施防止事故重复发生。通常我们所采取的各种组织和措施，如设立专职机构、制定立法标准、进行监督检查和宣传教育等，都属此类。这就是我们所说的传统安全工作方法。

第二种是从系统内部出发，研究系统各构成部分存在的联系，检查可能发生事故的危险性及其发生途径，通过重新设计或变更操作来减少或消除危险性，把发生事故的可能降到最低限度。这种方法是用系统工程控制事故的方法，有人也叫作"问题发现型"方法。

为了提高人们的安全认识水平，更好地防止事故的发生，不仅需要了解对付事故的方法，也需要了解事故原理及相关的事故模式理论。

事故模式理论是人们对事故机理所做的逻辑抽象或数学抽象，是描述事故成因、经过和后果的理论，是研究人、物、环境、管理及事故处理这些基本因素如何作用而形成事故、造成损失的理论，即事故模式理论是从本质上阐明工伤事故的因果关系，说明事故的发生、发展过程和后果的理论，它对于人们认识事故本质，指导事故调查、事故分析及事故预防等都有重要的作用。

一、事故因果类型

事故因果类型(Types of Accident Causation)主要有如下几类：

(一)连锁型

一个因素促成下一个因素发生，下一个因素又促成再下一个因素发生。彼此互为因果、互相连锁导致事故发生，这种事故类型称为连锁型，如图 2-1 所示。例如，2006 年 10 月 5 日，某船载集装箱自大连港驶往威海港，当时海面大雾，能见距离约 500 m，视觉瞭望严重受限。当值班三副通过望远镜发现前方有养殖区时，因距离太近，该船已无法停车或满舵旋回避开，最终进入养殖区并造成了一定的损失。在此次事故中,“大雾导致能见距离降低”,“能见距离降低导致视觉瞭望受限”,“视觉瞭望受限导致无法及早发现养殖区”,即为连锁型。

(二)多因致果型

又称集中型,是指多种各自独立的原因在同一时间共同导致事故的发生,如图 2-2 所示。例如,2005 年 4 月 29 日,某船行驶至青岛港二期油码头北端附近,其主机突然停车,此时离二期油码头北段仅有约 500 m。当时东北风 6~7 级,落潮流南偏西约 1.0 kn,尽管该船采取了抛双锚等应急措施,仍被风流压向了二期油码头北端,造成了一定的损失。在此次触碰事故中,“主机故障突然停车”、“离码头太近”和“风流影响”三个因素共同作用,导致船舶触碰了码头,属于多因致果型事故。

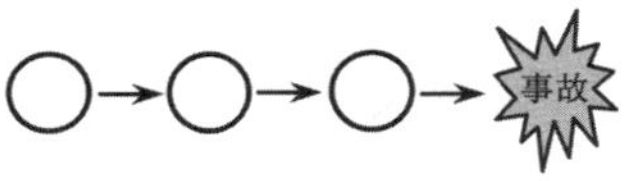

图 2-1　连锁型

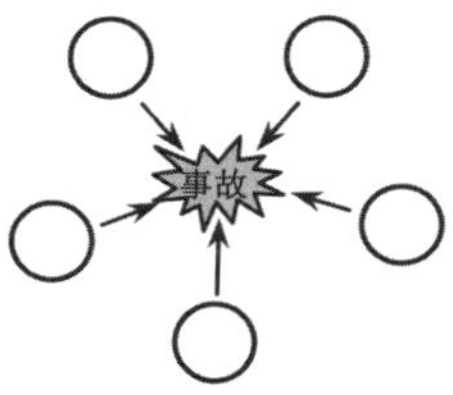

图 2-2　多因致果型

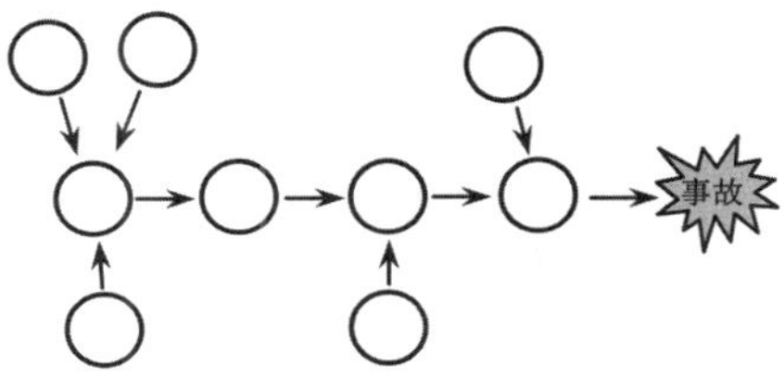

图 2-3　复合型

(三)复合型

某些因素连锁,某些因素集中,互相交叉、复合造成事故,这种事故模型称为复合型,如图 2-3 所示。单纯集中型或单纯连锁型较少,事故的发生多为复合型。例如,2008 年 4 月 27 日凌晨,某船航行至山东东营港附近海域时,海上风力已达东北风 8~9 级,涌浪很大。舱盖因锈蚀严重而强度变弱,风浪致使部分舱盖变形塌陷断裂,货舱进水,后船舶失控沉没。在此次自沉事故中,“舱盖锈蚀致使强度变弱”以及“货舱进水致使船舶沉没”均为连锁型,而“涌浪冲击和舱盖强度太弱导致货舱进水”则是多因致果型。

因果有继承性,是多层次的。一起事故的发生经常是多层次、多线性原因的复杂组合。

二、多米诺骨牌理论

事故致因理论中,海因里希的多米诺骨牌理论(The Domino Theory)人所共知。他认为伤亡事故的发生是一连串事件按一定顺序互为因果依次发生的结果。这些事件犹如五块平行摆放的骨牌,第一块倒下后就引起后面的牌连锁式地倒下,如图 2-4 所示。这五块牌依次是:

M——人体本身;

P——按人的意志进行的动作,指人为过失;

H——人的不安全行为和物的不安全状态引起的危险性;

D——发生事故;

A——受到伤害。

多米诺骨牌理论确立了正确分析事故致因的“事件链”这一重要概念。它简单明了、形象直观地显示了事故发生的因果关系,指出了分析事故应该从事故现象逐步分析,深入到各层次中的道理。这一思想对于寻求事故调查分析的正确途径、找出防止事故发生的对策,无疑很有启发。按照这一理论,为了防止事故,只要抽取五块牌中的任何一块(如防止人的不安全行为

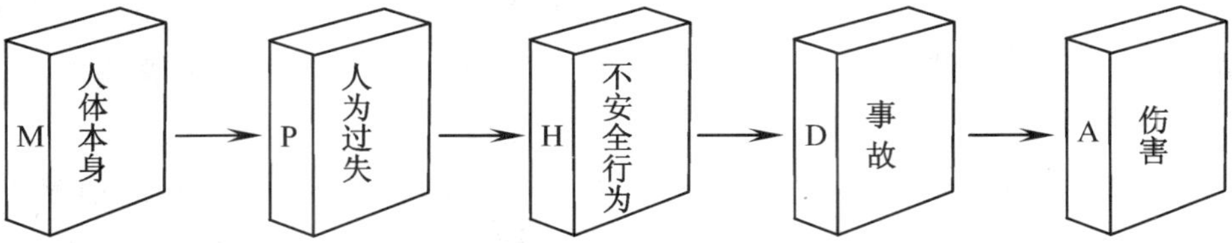

图 2-4　多米诺骨牌事故模型

和物的不安全状态)，事件链就会被破坏，就可以防止事故发生。

多米诺骨牌理论的不足之处在于，它把事故致因的事件链过于绝对化了。事实上，各块骨牌之间的连锁不是绝对的，而是随机的。前面的牌倒下，后面的牌可能倒下，也可能不倒下。可见，这一理论对于前面解释事故致因过于简单化了。

三、系统理论

系统理论(System Theory)把人、机和环境作为一个系统(整体)，研究人、机、环境之间的相互作用、反馈和调整，从中发现事故的致因，揭示出预防事故的途径。

系统理论着眼于下列问题的研究：机械的运行情况和环境的状况如何，是否正常；人的特性(生理、心理、知识技能)如何，是否正常；人对系统中危险信号的感知、认识、理解和行为响应如何；机械的特性与人的特性是否相容相配；人的行为响应时间与系统允许的响应时间是否相容等。在这些问题中，系统理论特别关注对人的特性的研究，其包括：人对机械和环境状态变化信息的感觉与察觉及对其的理解；采取适当响应行动的知识；面临危险时的决策；响应行动的速度和准确性等。系统理论认为事故的发生是来自人的行为与机械特性间的失配或不协调，是多种因素互相作用的结果。

系统理论有多种事故致因模型，它们的形式虽然不同，但所涉及的内容大致相同，其中具有代表性的系统理论是瑟利模型。

(一)瑟利模型

瑟利模型(Surry Model)把人、机和环境系统中事故发生的过程分为是否产生迫近的危险("危险构成"指形成潜在危险)和是否造成伤害或损坏("出现危险的紧急时刻"指危险由潜在状态变为现实状态)两个阶段，都各包括一组类似的心理、生理成分(感觉、认识、行为响应)问题，如图 2-5 所示。

在第一阶段，如果对提出的问题给予了肯定的回答("是")，危险就能消除或得到控制；反之，只要对任何一个问题给予了否定的回答("否")，危险就会迫近并转入下一阶段。在第二阶段，如果都给予了肯定的回答，虽然存在危险，但由于感觉认识到了，并正确地做出了行为响应，就能避免危险的紧急出现，就不会发生伤害或损坏；反之，只要对任何一个问题做出了否定的回答，危险就会紧急出现，从而导致伤害或损坏。

每组的第一个问题：对危险的构成(显现)有警告吗？问的是环境瞬时状态，即环境对危险的构成(显现)是否客观存在警告信号。这个问题可以再被问成：环境中是否存在两种运行状态(安全和危险)的可感觉到的差异？这个问题含蓄地表示出危险可以没有可感觉到的线索。这样，事故将是不可避免的。这个问题启发的是在系统运行期间应该密切观察环境的状况。

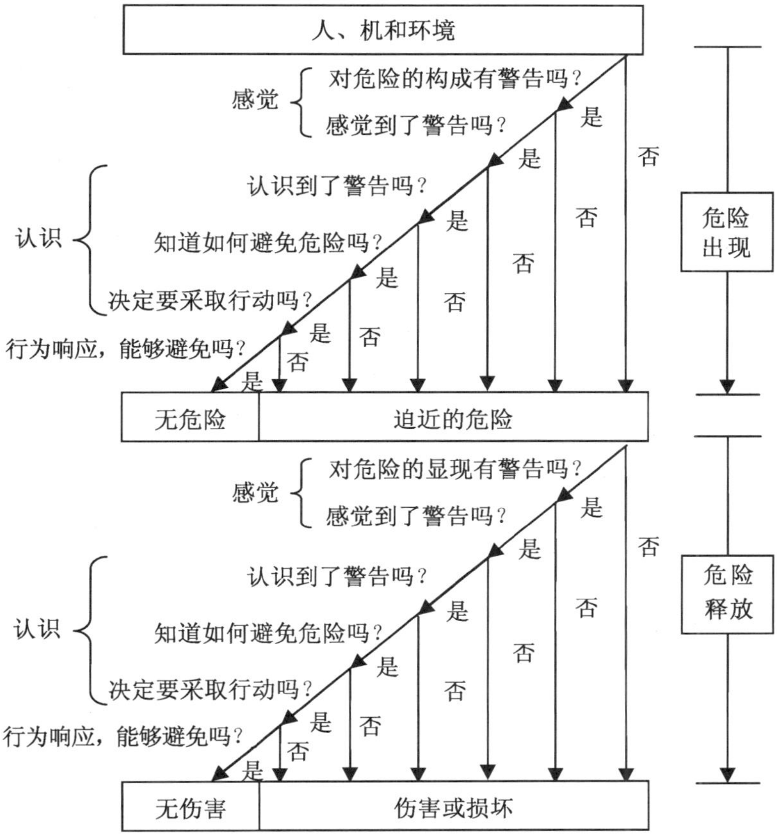

图 2-5　瑟利模型

每组第二个问题：感觉到了警告吗？问的是如果环境有警告信号，能被操作者察觉到吗？这问题有两个方面的含义：一方面是人的感觉能力（如视力、听力等）如何，如果人的感觉能力差，或者过度集中精力于工作，那么即使有客观警告信号，也可能未被察觉。另一方面是"干扰"（环境中影响人感知危险信号的各种因素，如噪声等）的影响如何，如果干扰严重，则可能妨碍对危险信号的发现。由此得到的启示是，如果存在上述情况，则应安装便于操作者发现危险信号的仪器，如能将危险信号加以放大、延伸的装置。

上述两个问题都是关于感觉成分的，而下面的三个问题是关于认识成分的。

第一个问题：认识到了警告吗？问的是操作者是否知道危险线索都是什么，每个线索都意味着什么危险。即操作者是否能接受客观存在的危险信号（一声尖叫，一种运动，或者常见的物体不见了，对操作者而言都可能是一种已知的或未知的危险信号），并经过大脑的分析后变成了主观的认识，意识到了危险。

第二个问题：知道如何避免危险吗？问的是操作者是否具备避免危险的行为响应的知识和技能。由此得到的启示是：为了具备这种知识，应使操作者受到训练。

这两个问题是紧密相连的。认识危险是避免危险的前提，如果操作者不认识、不理解危险线索，即使有了避免危险的知识和技能也是无济于事的。

第三个问题：决定要采取行动吗？就第二个阶段的这个问题而言，如果不采取行动，就会造成伤害或损坏,因此必须做出肯定的回答,这是无疑的。然而,第一阶段的问题却是耐人寻味的,它表明操作者在察觉危险之后不一定必须立即采取行动。这是因为危险由潜在状态变为现实状态不是绝对的,而是存在某种概率的关系。潜在危险下不一定将要导致事故、造成伤害或损坏,这里存在一个危险的可接受性的问题。在察觉潜在危险之后,立即采取行动,固然可以消除危险,然而却要付出代价,例如要停航或停止操作,影响效益;反之,如果不立即行动,尽管要冒显现危险的风险,然而却可以减少花费和利益损失。究竟是否立即行动,应该考虑两个方面的问题:一是正确估计危险由潜在变为显现的可能性;二是正确估计自己避免危险显现的技能。

每组的最后一个问题:行为响应,能够避免吗?问的是操作者避免危险的技能如何,例如能否迅速、敏捷、准确地做出反应。由于人的行动以及危险出现的时间具有随机变异性(不稳定),这将导致即使行为响应正确,有时也不能避免危险。就人而言,其反应速度和准确性不是稳定不变的。譬如人的反应时间平均为 900 ms,因此 1 s 或更短的反应时间在多数情况下都允许人能够避免危险,然而人的反应时间有时也会超过临界时间,这时就无法避免危险了。危险出现的时间也并非稳定不变的。正常情况下危险由潜在变为显现的时间可能足够容许人们采取行动来避免危险,然而有时危险显现可能提前,人们再按正常速度行动就无法避免危险了。上述随机变异性可以通过机械的改进、维护的改进、人避免危险技能的改进而减小事故发生的可能性,然而要完全加以消除是困难的。因此,由于这种随机变异性而导致事故的可能性是难以完全消除的。

由以上关于瑟利模型的说明可见,该模型从人、机、环境的结合上,对危险从潜在到显现从而导致事故和伤害进行了深入、细致的分析,这将给人以多方面的启示。例如,防止事故的关键在于发现和识别危险。这涉及操作者的感觉能力、环境的干扰、操作者处理危险的知识和技能等。改善安全管理就应该致力于这些方面的问题,如人员的选拔、培训,作业环境的改善,监控报警装置的设置等。再如关于危险的可接受性问题,这对于正确处理安全与生产辩证关系是很有启发的。安全是生产的前提条件,当安全与生产发生矛盾时,如果危险迫近,不立即采取行动,就会发生事故,造成伤害和损失,那么宁肯生产暂时受到影响,也要保证安全;反之,如果恰当估计危险显现的可能,只要采取适当措施,就能做到生产、安全两不误,那就应该尽可能避免生产遭受损失。当因采取安全措施而可能严重影响生产时,尤其应持慎重的态度。

(二)系统理论的指导意义

系统理论对改进事故调查、事故预防,对有关事故的基础研究均指明了方向。

1. 对事故调查的指导

为了确定事故的原因,无论系统是由高度自动化的机器还是只由一艘船舶构成,系统理论要求对运行系统的正常情况和反常情况都应了解,尤其是要知道系统不常发生的运行特性。有关的问题是,系统中一个具体的危险线索发生的经常程度,以及因此而导致事故发生的经常程度,例如船舶之间发生紧迫局面的经常程度。

2. 对事故预防的指导

系统理论从机械和操作两个方面提出了对事故预防的指导。对于机械,系统理论主张增进其性能的可靠性,减少其性能的不稳定性。为此,应当有计划地对设备进行维修和适当的更换。对于那些通过设备维修和更换也不能消除的可能出现的异常状况,应该从设计上做出努力,保证机器能对迫近的危险给出清楚的警告,让操作者直接看到、听到,或者使用能探查出隐患的设备,一台安全的机器必须是能对危险给出充分警告的机器。

对于操作者,系统理论所关注的是如何提高他们对危险的识别能力、反应能力。为了使操作者能够识别危险,对危险做出适当的反应,并采取恰当的行动,就必须让他们知道他们所应该知道的一切情况。为此,应该加强对操作者的安全培训,使他们能够辨别正常的和不正常的、安全的和危险的运行状态,知道可能遇到什么样的危险线索,危险线索发生的经常程度,知道这些危险线索发展到什么程度就会产生真正的危险(现实的危险)。

3. 对基础研究的指导

系统理论从许多方面对有关事故的基础研究指出了方向,分析人在感觉、认识、记忆、危险判断等方面的界限如何,探讨与事故有关的主要的(感觉的、认识的、行为反应的能力)和第二位的人和环境的因素(性格、年龄、性别、文化等),以及它们的区别和联系。

四、轨迹交叉论

轨迹交叉论(the Track Intercrossing Theory)综合了各种事故致因理论的积极方面,其基本思想是,伤害事故是许多相互关联的事故顺序发展的结果。这些事件概括起来不外乎人和物两个发展系列。当人的不安全行为和物的不安全状态在各自发展过程(轨迹)中,在一定时间、空间发生了接触(交叉),能量逆流于人体时,伤害事故就会发生。而人的不安全行为和物的不安全状态之所以发生和发展,又是受多种因素作用的结果,其事故模型如图 2-6 所示。

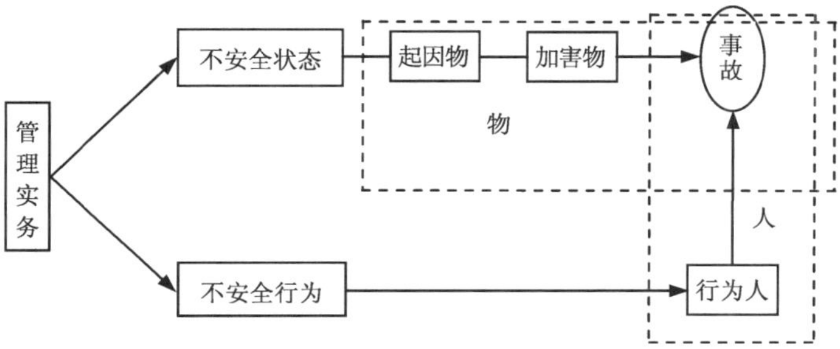

图 2-6　轨迹交叉事故模型

这个轨迹交叉事故模型反映了绝大多数事故的情况。现实中有少量事故与人的不安全行为或物的不安全状态无关,但绝大多数事故则与两者同时相关。例如,日本劳动省调查分析的 50 万起事故中,如果从人的系列分析,只有约 4%与人的不安全行为无关;如果从物的系列分析,只有约 9%与物的不安全状态无关。

在人和物两大系列的运动中,两者并不完全独立进行。人的不安全行为和物的不安全状态往往互为因果、互相转化。人的不安全行为会造成物的不安全状态(如人为了方便拆去设备的保护装置或关闭避碰雷达上的报警装置),而物的不安全状态又会导致人的不安全行为(如没有防护围栏和警告信号,人误入危险区域)。

在人与物两大系列中,人的失误占主导地位。纵然伤亡事故完全来自机械或物质的危害,但更进一步追踪,机械还是由人设计、制造和维护的,物质也是由人支配的。

物的不安全状态和人的不安全行为是造成事故的表面上的直接原因。如果对其再进行追踪就会发现在它们后面还有若干更深层次的背景原因,这些背景原因可以表示如下:

先天遗传因素、社会环境影响、教育培训情况→身体、生理、心理状况,知识技能情况→人的不安全行为。

设计情况→设备制造、物料选择、环境配置情况→维修、养护、保管、使用状况→物的不安全状态。

在物的不安全状态和人的不安全行为以及它们的背景原因后面，还有更深层次的管理方面的原因，管理缺陷是造成事故的间接原因，也是本质的原因。

五、能量意外释放理论

（一）能量意外释放理论的提出

从事故的概念可以看出，事故源于物质的运动变化。没有物质的运动变化就不会发生事故。驱动物质运动变化的动力就是能量。

1961 年，吉布森（Gibson）提出了解释事故发生物理本质的能量意外释放论（Accidental Energy Release Theory）。他认为，事故是一种不正常的或不希望的能量释放，各种形式的能量是构成伤害的直接原因。因此，应该通过控制能量或控制能量载体来预防伤害事故。

1966 年，在吉布森的研究基础上，美国运输部安全局局长哈登（Haddon）完善了能量意外释放理论，提出"人受伤害的原因只能是某种能量的转移"，并提出了能量逆流于人体造成伤害的分类方法，将伤害分为两类：第一类伤害是由于施加了超过局部或全身性损伤阈值的能量引起的；第二类伤害是由于影响了局部或全身性能量交换引起的，主要指中毒、窒息和冻伤。

哈登认为，在一定条件下，某种形式的能量能否产生伤害造成人员伤亡事故取决于能量大小、接触能量时间长短和频率以及力的集中程度。根据能量意外释放理论，可以利用各种屏蔽来防止意外的能量转移，从而防止事故的发生。

（二）能量及其致因和表现

从能量在系统中流动的角度出发，应该控制能量，使之按照人们规定的能量流通渠道流动。如果由于某种原因失去了对能量的控制，超越了人们设置的约束或限制，就会发生能量违背人的意愿的意外释放或逸出，使进行中的活动中止而发生事故。如果失去控制而意外释放的能量作用于人体，并且能量的作用超过人体的承受能力，则将造成人员伤害；如果意外释放的能量作用于设备、建筑物、物体等，并且能量的作用超过它们的抵抗能力，则将造成设备、建筑物、物体的损坏。

生产、生活活动中经常会遇到各种形式的能量，如机械能、电能、热能、化学能、电离及非电离辐射、声能、生物能等，它们的意外释放都可能造成伤害或损坏，其中以下几种形式的能量引起的伤害最为常见：

1. 机械能

机械能包括势能和动能。当人体具有的势能意外释放时，发生坠落或跌落事故，如高空作业时跌落受伤；当物体具有的势能意外释放时，物体自高处落下可能发生物体打击事故，如起吊中的货物自吊钩跌落，甲板受损。运动着的物体都具有动能，如航行中的船舶或机械的运动部件、被抛掷的物料等。它们具有的动能意外释放并作用于人体或物体时，则可能发生船舶碰撞、触礁、机械伤害、物体打击等事故。

2. 电能

电能意外释放就会造成各种电气事故。意外释放的电能可能使电气设备的金属外壳等导体带电而发生所谓的“漏电”现象。当人体与带电体接触时会发生触电事故而受到伤害；电火花会引燃易燃易爆物质而发生火灾、爆炸事故；强烈的电弧可能灼伤人体等。

3. 热能

人类在生产、生活中到处都在利用热能。失去控制的热能可能灼烫人体、损坏财物、引起火灾。火灾是热能意外释放造成的最典型的事故，值得注意的是，电能、机械能或化学能与热能之间可以相互转化。所以，在利用机械能、电能、化学能等其他形式的能量时也可能产生热能的意外释放而造成伤害。

4. 化学能

有毒有害的化学物质使人员中毒，是化学能引起的典型伤害事故。在众多的化学物质中，相当多的物质具有的化学能会导致人员急性、慢性中毒致病，使海洋环境受到污染。火灾中化学能转变为热能，爆炸中化学能转变为机械能和热能。

5. 电离及非电离辐射

电离辐射主要指射线和中子射线等，它们会造成人体急性、慢性损伤。非电离辐射主要为紫外线、红外线和宇宙射线等射线辐射。工业生产中常见的电焊、熔炉等高温热源放出的紫外线、红外线等有害辐射会伤害人的视觉器官。

（三）能量意外释放的防范对策

从能量意外释放理论出发，预防伤害事故就是防止能量或危险物质的意外释放，防止人体与过量的能量或危险物质接触。

哈登认为，预防能量转移于人体的安全措施可用屏蔽防护系统。把约束和限制能量、防止人体与能量接触的措施称为屏蔽，这是一种广义的屏蔽；同时他指出，屏蔽设置得越早，效果越好。按能量大小可建立单一屏蔽或多重的冗余屏蔽。

在实践中，经常采用的防止能量意外释放的屏蔽措施主要有以下几种：

1. 用安全的能源替代不安全的能源

有时被利用的能源危险性较高，这时可考虑用较安全的能源取代。例如，在容易发生触电的作业场所，用压缩空气动力代替电力，可以防止发生触电事故，如船上使用以压缩空气驱动的气动除锈工具来代替电动除锈工具。但是应该看到，绝对安全的事物是没有的，以压缩空气作为动力虽然避免了触电事故，但压缩空气管路破裂、脱落的软管抽打等都带来了新的危害。

2. 限制能量

即限制能量的大小和速度。规定安全极限量，在实践中尽量采用低能量的工艺或设备，这样即使发生了意外的能量释放，也不致发生严重伤害。例如，利用低电压设备防止电击，限制设备运转速度以防止机械伤害等。

3. 防止能量蓄积

能量的大量蓄积会导致能量突然释放，因此，要及时释放多余能量，防止能量蓄积。

4. 缓慢释放能量

缓慢释放能量可以降低单位时间内释放的能量，减轻能量对人体的作用。例如，采用安全阀、逸出阀控制高压气体，用各种减振装置吸收冲击能量，防止人员受到伤害等。

5. 设置屏蔽设施

屏蔽设施是一些防止人员与能量接触的物理实体，即狭义的屏蔽。例如安全围栏，人员佩戴的安全帽等个体防护用品。

6. 修复或急救

治疗、矫正以减轻伤害程度或恢复原有功能;搞好紧急救护,进行自救教育;限制灾害范围,防止事态扩大等。

第三节　事故的预防原则

同其他事物一样,事故亦有其发生、发展以及消除的过程,因而是可以预防的。事故的发展可归纳为三个阶段:孕育阶段、生长阶段和损失阶段。孕育阶段是事故发生的最初阶段,此时事故处于无形阶段,人们可以感觉到它的存在,而不能指出它的具体形式;生长阶段是由于基础原因的存在,出现管理缺陷,不安全状态和不安全行为得以发生,构成生产中事故隐患的阶段,此时,事故处于萌芽状态,人们可以具体指出它的存在;损失阶段是生产中的危险因素因某些偶然事件触发而发生事故,造成人员伤亡和经济损失的阶段。

安全工作的目的,是要避免因发生事故而造成损失,因此要将事故消灭在孕育阶段和生长阶段。为达到这一目的,首先就需要识别事故,即在事故的孕育阶段和生长阶段中明确识别事故的危险性,所以需要进行事故的分析评价工作。

一、事故法则

事故法则即事故的统计规律,又称 1 ∶ 29 ∶ 300 法则,即在每 330 起事故中,会有死亡事故 1 次,轻伤、微伤事故 29 起,无伤事故 300 起。这一法则是美国安全工程师海因里希(H. W. Heinrich)统计分析了 55 万起事故后提出的,得到了安全界的普遍认可。人们经常根据事故法则的比例关系绘制成三角形图,称为“事故三角形”,如图 2-7 所示。

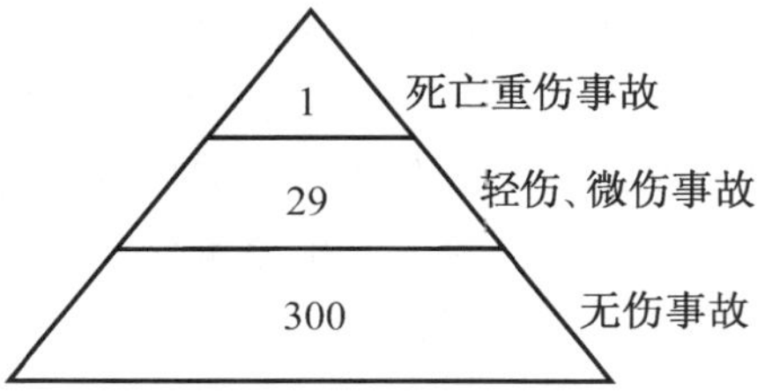

图 2-7　事故三角形

事故法则告诉人们,要消除 1 起死亡重伤事故以及 29 起轻伤、微伤事故,必须首先消除 300 起无伤事故。也就是说,防止灾害的关键,不在于防止伤害,而是要从根本上防止事故。所以,安全工作必须从基础抓起,如果基础安全工作做得不好,小事故不断,就很难避免大事故的发生。

上述事故法则是从一般事故统计中得出的规律,其绝对数字不一定适用于每一个行业事故。因此,为了进行行业事故的预测和评价工作,有必要对行业事故的事故法则进行研究。有关作者曾对这一问题做过一些初步研究,例如,对全部煤矿事故得出的结论是,死亡、重伤和轻伤之比分别为 1 ∶ 10 ∶ 300。

二、事故的预防原则

综上所述,事故有其固有规律,除了人类无法左右的自然因素造成的事故(如地震、海啸、龙卷风、山崩等)以外,在人类生产和生活中所发生的各种事故均可以预防。

事故的预防工作应该从技术和组织管理两个方面考虑,并应当遵循以下基本原则:

(一)技术原则

在生产过程中,客观上存在的隐患是事故发生的前提。因此,要预防事故的发生,就需要针对危险隐患采取有效的技术措施进行治理。在采取有效技术措施进行治理过程中,应当遵循的基本原则有以下几个方面:

1. 消除潜在危险原则

即从本质上消除事故隐患,其基本做法是:以新的系统、新的技术和工艺代替旧的不安全的系统和工艺,从根本上消除发生事故的可能性。例如,用不可燃材料代替可燃材料,改进机器设备,消除人体操作对象和作业环境的危险因素,从而最大可能地保证生产过程的安全。

2. 降低潜在危险严重度原则

即在无法彻底消除危险的情况下,最大限度地限制和减少危险程度。例如,在高压锅炉中安装安全阀、船首设置防撞舱壁、油船设置双层船壳等。

3. 闭锁原则

在系统中通过一些元器件的机器连锁或机电、电气互锁,作为保证安全的条件。例如,电路中的自动保护器可防止误操作。

4. 能量屏蔽原则

在人、物与危险源之间设置屏障,防止意外能量作用到人体和物体上,以保证任何设备的安全。例如,高空作业中安全网的保护作用。

5. 距离保护原则

当危险和有害因素的伤害作用随着距离的增加而减弱时,应尽量加大人与危害源的距离。

6. 个体保护原则

根据不同作业性质和条件,配备相应的保护用品及用具,以保护作业人员的安全与健康。例如,安全带、护目镜和绝缘手套等。

7. 警告、禁止信息原则

用光、声、色等其他标志作为传递组织和技术信息的目标,以保证安全。例如,报警灯光、警报器、安全标志、宣传画等。

此外,还有时间保护原则、薄弱环节原则、坚固性原则、代替作业人员原则等,可以根据需要,确定采取相关的预防事故的技术原则。

(二)组织管理原则

预防事故的发生,不仅要遵循上述的技术原则,而且还要在组织管理上采取相关的措施,才能最大限度地减少事故发生的可能性。

1. 系统整体性原则

安全工作是一项系统性、整体性的工作,它涉及企业和船舶生产过程中的各个方面。安全工作的整体性要体现出有明确的安全目标,综合地考虑安全问题的原因,动态地认识安全状况;而且落实措施要有主次,要有效地抓住各个环节,并且能够适应变化的要求。

2. 计划性原则

安全工作要有计划和规划,近期的目标和长远的目标要协调进行。工作方案、人财物等安全资源的使用要有规划地进行,并且有最终的评价,形成闭环的管理模式。

3. 效果性原则

安全工作的好坏,要通过最终成果的指标来衡量。但是,由于安全问题的特殊性,安全工作的成果既要考虑经济效益，又要考虑社会效益。正确认识和理解安全的效果性，是落实安全生产措施的重要前提。

4. 责任制原则

实行安全生产责任制，对违反劳动安全法规和不负责任的人员造成的海上事故应当给予行政处罚，造成重大伤亡事故的应当根据刑法追究刑事责任。只有将安全责任落到实处，安全生产才能得到保证，安全管理才能有效。

综上所述，事故的预防要从技术、组织管理等多方面采取措施，从总体上提高预防事故的能力，才能有效地控制事故，保证生产和生活的安全。

思考题

1. 什么是事故？对事故的界定有几重含义？
2. 事故有哪些基本特征？
3. 事故因果类型有哪几种？
4. 系统理论有什么指导意义？
5. 事故的发展可归纳为哪几个阶段？
6. 什么是事故法则？
7. 事故预防应当遵循哪些技术原则？
8. 事故预防应当遵循哪些管理原则？

第三章 安全生理

人体的感官系统又称感觉系统，是人体接受外界刺激，经传入神经和神经中枢产生感觉的机构。人的感觉按人的器官分类共有 7 种，通过眼、耳、鼻、舌、肤五个器官产生的感觉称为“五感”，此外还有运动感、平衡感两种。这里主要介绍在人机环境系统安全中应用较多的几种感官系统的功能特点。

第一节 视觉

视觉是物体的影像刺激眼睛所产生的感觉。人在感知过程中，大约有 80%以上的信息是通过视觉获得的。视觉是最重要的感觉通道。这种感觉最直观、最形象，提供的信息量也最丰富，因此是最重要和最常用的信息收集手段（包括使用眼镜、望远镜等辅助手段）。通过视觉收集的信息包括有无来船，来船所处的方位、形态和大致的距离，以及表明船舶种类、动态、尺度等的号灯和号型等。

一、视觉功能的主要特征

（一）视角

视角是被观察物体的两点光线投入眼球时的夹角，用来表示被观察物体与眼睛的距离关系。视角的大小既决定于物体的大小，也决定于物体与眼睛的距离。

（二）视敏度

视敏度又称视力，是辨认外界物体的敏锐程度，是指在标准的视觉情景中感知最小的对象与分辨细微差别的能力。

影响视敏度的主要因素是亮度、对比度、背景反射与物体的运动等。

亮度增加，如在白天，视敏度可大大提高。但过强的亮度会出现眩光，反而会使视敏度下降。在亮度好的情况下，随着对比度的增加，视敏度也会更好。例如，船体的颜色与周围海水的颜色对比强烈就容易将船舶识别出来。根据心理学家的研究，在晴天阳光照射下，白色物体比所有其他颜色的物体都容易被发现；但在阴天或有雾的时候，深色物体与周围背景的亮度对比程度较大，所以容易被看到，而浅色物体则不容易被看到。大多数船舶的上层建筑是白色的，这有利于船舶在良好天气下在较远的距离上被发现。

在存在背景反射的情况下，例如逆光观察来船，来船会被波光粼粼的反射光淹没，不易被发现。

经典案例分析

"MV Mathilda"船险肇案

2001 年 6 月 28 日，在英格兰西南近岸水域，集装箱船"MV Mathilda"船受太阳眩光的影响，在 600 m 的距离上才以视觉发现正在捕鱼的"Lady Hamilton of Helford"船。渔船及时砍断网具避让才得以使两船从 30 m 的距离上侥幸驶过。

(三)人眼的适应性

人眼在外界光亮程度变化时会产生适应性的变化。人从黑暗的地方进入光亮的地方，或者从光亮的地方进入黑暗的地方时，眼睛不是一下子就能看清物体，而要经过一段时间才能看清，这被称为"明适应"和"暗适应"。暗适应时，瞳孔放大，进入眼睛的光通量增加；明适应时，由于是从暗处进入光亮处，所以瞳孔缩小，光通量减小。

暗适应时间较长，一般要经过 4~5 min 才能基本适应，在暗处停留 30 min 左右，眼睛才能达到完全适应。因此，夜间交接班时，接班驾驶员应当至少有 5 min 的时间来做暗适应的调整。明适应时间较短，一般经过 1 min 左右就可达到完全适应，但在明适应时要注意对眼睛的保护。

(四)颜色视觉

视觉的适宜刺激是光。光是辐射的电磁波。人类能够接收的电磁波只占整个电磁波的一小部分，仅在波长为 380~780 nm(纳米)的范围内，约占整个光波的 1/70，并可区别光的亮度和一定范围的颜色。波长大于 780 nm 的光波是红外线和无线电波等，波长小于 380 nm 的光波是紫外线、x 射线和 α 射线等，它们都不能引起人眼的视觉形象。

光既有波长长短的区分，也有能量大小的区分。光的能量表现为人对光的亮度感觉，而波长的长短则表现为人对光的颜色感觉。人眼的视网膜可以辨别波长不同的光波，在波长为 380~780 nm 的可见光谱中，光波波长只要相差 3 nm，人眼就可分辨。由于可见光谱中各种颜色的波长不同，对人眼刺激不同，人眼的色觉视野也不同。白色视野范围最宽，水平方向达 180°，垂直方向达 130°；其次是黄色和蓝色；最窄是红色和绿色，其水平方向为 60°，垂直方向红色为 45°，而绿色只有 40°。色觉视野还受背景颜色的影响。

（五）视野范围

视野是指人的眼球不转动的情况下，观看正前方所能看见的空间范围，或称静视野。眼球自由转动时能看到的空间范围称为动视野。视野常以角度来表示。例如，两眼水平视区大约在左右 60°以内的区域，垂直视区为标准视线以上 50°和标准视线以下 70°。

当人眼注视景物时，物像落在视网膜的黄斑中央，可以获得最清晰的图像，称为中央视觉；而对周围的景物产生模糊不清的图像，称为边缘视觉。

（六）视错觉

视错觉是指注意只集中于某一因素时，由于主观因素的影响，感知的结果与事实不符的特殊视知觉。例如，图 3-1 中的四边形为直边正方形，但在其同心圆的背景中，该正方形的四个直边看似发生了内凹，出现了视错觉。

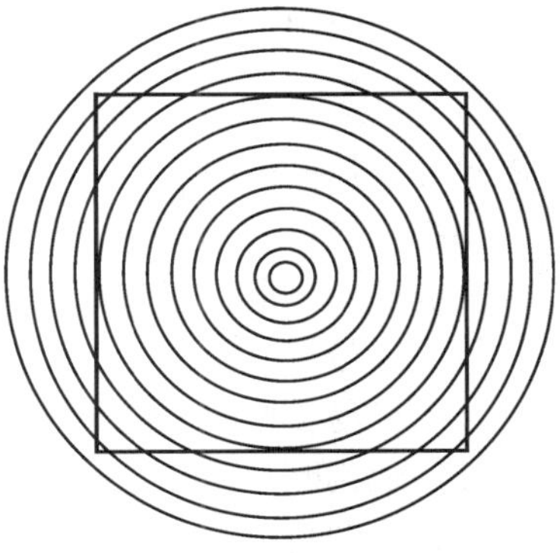

图 3-1　眼睛的视错觉

引起视错觉的图形多种多样，根据它们引起错觉的倾向性可分两类：一类是数量上的视错觉，包括在大小、长短方面引起的错觉；另一类是方向的错觉。例如，海上缺少参照物，因此很难准确地估计海上的距离。视错觉有害也有益。在人-机系统中，视错觉有可能造成观察、监测、判断和操作的失误。但在工业产品造型中可以利用视错觉以获得满意的心理效应。例如，交通标志中利用圆形比同等面积的三角形或正方形显得要大 1/10 的视错觉，规定圆形为表示“禁止”或“强制”的标志。

二、视觉观测的限制性

视觉能够提供直观和形象的信息，但其限制性也是明显的：

1. 视觉易受大气能见度的限制，在能见度降低时，其作用也随之降低。
2. 人从光亮环境进入黑暗环境，眼睛的感受性需要逐渐增高至一定程度才能区分物体。这一暗适应的过程需要一定的时间，在最初 10 min 内能完成约 60%，完全暗适应约需 30～40 min。因此，在夜间，接班驾驶员应当及早到驾驶台以便适应夜间光线，获得值班所需的“夜视眼”。
3. 由于海上缺少参照物且观测船本身也在运动，因此可能存在视觉观察上的错觉。
4. 在存在背景灯光和眩光的情况下，人的视觉效率会大大降低。

第二节　听觉

听觉系统是人获得外部信息的又一重要感官系统。听觉在传递信息量很大时，不像视觉那样容易疲劳。因此一般用作警告显示，通常和视觉信号联用，以提高显示装置的功能。

一、人耳与听觉刺激

听觉系统主要包括耳、传导神经与大脑皮层听区三个部分。听觉的刺激物是声波。声波是声源在介质中向周围传播的振动波。声波的传播速度随传播介质的特性而变化。一定频率范围的声波作用于人耳就产生了声音的感觉。人耳所能听到的声音频率范围一般为 20~20 000 Hz。低于 20 Hz 的次声和高于 20 000 Hz 的超声，人耳听不到。

二、听觉的限制性

听觉是外界声音刺激作用于听觉器官而产生的感觉，其最大优点是，在听距以内，基本不受能见度和居间障碍物的影响，但其局限性也较明显：

1. 听觉提供的信息量较简单，通常仅凭听觉只能发现船舶的存在（雾号和弯道信号），不能区别船舶的种类。《1972 年国际海上避碰规则》（以下简称《避碰规则》）第 34 条规定的操纵和警告信号在互见后才能使用，首先依赖于视觉。

2. 声音易受空气和海面不稳定状态（如风和浪）的干扰，方向感和听距不稳定，难以根据声响准确地判断来船的方位和距离。

3. 在船舶自身有一定噪声背景的情况下，来船的声响信号很容易被掩蔽而不能及时发现来船。

4. 在船舶自身雾号长时间的作用下，会出现听觉疲劳，对来船的声响信号的感受性减弱以致不能及早发现来船。

5. 以听觉来理解口头指令时，有时会因语言的抽象性而出现反应错误。

第三节　运动知觉和对危险的感知觉

一、运动知觉

（一）运动知觉的概念

我们周围的世界是不断运动、变化着的，如鸟在飞、鱼在游、船舶在航行、海水在流动等。物体的运动特性直接作用于人脑为人所认识，就是运动知觉（Motion Perception）。

运动知觉对动物和人的适应性行为具有重要意义。正确地估计物体的运动及其速度，也是人类生活和工作的重要条件。为了觉察到运动，人们需要具有关于自身运动的一种特殊形式的信息，即由中枢神经系统发出的动作指令。这种信息与视网膜映像流汇合在一起，共同决定着人们的运动知觉。例如，当物体运动而人眼静止时，视网膜上出现的映像流没有被中枢发出的动作指令所抵消，因而人们看到运动着的物体；同样，当人眼追踪运动着的物体时，只有中枢发出的动作指令，而无视网膜映像流与它抵消，因而人们也能看到物体在运动。可是，如果物体静止，而人们移动自己的眼睛，那么，人们不仅得到来自视网膜映像流的视觉信息，而且也得到了来自中枢动作指令的非视觉信息。这两种信息互相抵消，人们看到的物体就是静止的了。

除视网膜映像流和中枢动作指令提供的运动信息外,运动物体的其他一些特性对视网膜的作用也有重要的意义。例如,当物体的运动由近及远或由远及近时,物体在视网膜上成像的大小会发生变化。物体逼近,它在视网膜上的投影逐渐加大;物体远离,它在视网膜上的投影逐渐缩小,这对运动知觉的产生也有重要的意义。

(二)真运动的知觉

真运动(Real Movement)是指物体按待定速度或加速度,从一处向另一处所做的连续位移。由此引起的知觉就是真运动的知觉。

运动知觉直接依赖于对象运动的速度。物体运动的速度太慢,或单位时间内物体位移的距离太小,都不能使人产生运动知觉。例如,人们不能觉察手表上时针的运动,也不能感知花朵开放的细微变化。物体运动的速度也可用单位时间内物体运动的视角大小来表示,即角速度(rad/s)。刚刚可以觉察的单位时间内物体运动的最小视角范围(角速度),是运动知觉的下阈。低于这个速度,人们只能看到相对静止的物体。同样,物体运动的速度太快,超过一定限度,人们只能看到弥漫性的闪烁。例如,我们看快速转动的飞轮或电风扇的叶片就能获得这样的印象。看到闪烁时的速度叫运动知觉的上阈。《避碰规则》第 21 条 6 款规定,闪光灯的闪光频率为每分钟闪 120 次或以上。此处未限定最高闪光频率,显然,其不能超过人的运动知觉的上阈。

运动知觉的阈限受一系列因素的影响。一般说来,增加目标物的照明和刺激持续时间,将降低运动阈限。在黑夜航行时,目标物的照明低,航行人员难以判断其运动的速度。

我们在日常工作和生活中的绝大多数经历都是以真运动的形式出现的,因此已经习惯了真运动的认知感受。这使得航行人员习惯性地在不知不觉中以真运动来解释在船上所经历的相对运动,导致认知上的错误。这种错误在解释雷达显示的相对运动信息时常常出现。

如图 3-2 所示,A 船雷达在相对运动的显示方式下发现了 B 船的回波在船首偏右,方位不变。在此情况下,缺少训练的雷达观察者往往习惯性地以真运动来解释 B 船的回波,将其当成不动的物标,感觉来船既然在船首偏右,就向左转向避让。实际上两船的会遇情况如图 3-3 所示,依据《避碰规则》第 19 条的规定,A 船应当向右转向避让。

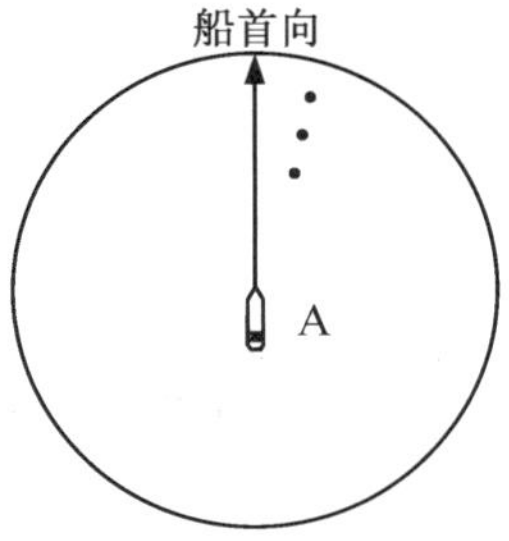

图 3-2 相对运动

图 3-3 态势

在此会遇局面下,在 B 船雷达上会观察到 A 船位于其船首偏左,依据《避碰规则》的规定,B 船会向右转向避让。如此一来,A 船和 B 船的行动就发生了冲突。

二、对危险的感知觉

人的感知觉对于船舶安全的意义主要在于察觉危险的存在。人的视觉、听觉和其他知觉功能使人能够及时感知危险、识别危险。不能正确地感知危险，就存在发生事故的可能性。

人对危险的感知过程，可分为三个阶段：

第一阶段，出现危险的警告信息。这里的“警告信息”是指海上环境中存在安全航行状态和危险状态之间可被人感觉到的差异。如果危险没有带来可被感知的差异，则人就无法感知该危险，因此会使人直接面临该危险。

第二阶段，感觉到危险警告信息。当危险的警告信息出现后，人能否感觉到这个警告信息，取决于两个方面：一是人的感觉能力，如果人的感觉能力差，或者注意力在别处，那么即使有足够明显的警告信号，也可能不被察觉；二是环境对警告信号的干扰，如果干扰严重，则可能妨碍对危险信息的察觉和接受，在干扰严重的场合，要采用加大警告信号的强度或者能避开干扰的警告方式，如能见度不良时注意使用雷达和听觉瞭望等。

第三阶段，对警告含义的知觉。航行人员在感觉到警告之后，要通过知觉理解警告信息所包含的意义，即航行人员将警告信息与自己头脑中已有的知识进行对比，从而真正识别出危险的存在。如果对警告信息的处理和理解上出现错误，则不会对危险做出正确的认知。

如果对危险的感知过于敏感，不适当地将不危险的情况误认为是危险的情况而采取行动，则可能人为地制造危险。

第四节　影响认知的因素

一、疲劳

疲劳是人在生产劳动中出现的一种最常见的生理、心理现象。疲劳会使人的认知水平显著下降，对海上航行安全具有非常重要的影响。根据美国海岸警卫队对 279 起事故中的疲劳问题进行的研究分析，疲劳所导致的事故占船舶事故的 16%，占人员伤亡事故的 33%。

（一）疲劳的含义

疲劳是一系列复杂现象的综合体。至今无法给疲劳下一个精准的定义。人们在分析疲劳状态时，一般是从三方面进行的：一是从生理机能方面分析，伴随疲劳的出现，生理的可测量指标会发生相应的变化；二是从劳动效率方面分析，一般来说，疲劳会导致劳动能力和效率下降，反过来，通过劳动能力和效率的下降，可以发现疲劳的存在；三是从心理方面分析，即把疲劳看作特殊的、独特感受的心理状态。从不同角度对疲劳现象进行研究分析，可以得出描述疲劳的不同定义。

国际海事组织于 1993 年 11 月通过了关于“配员的疲劳因素和安全”的第 A. 772(18) 号决议。该决议没有说明疲劳的定义，只是将疲劳描述为“疲劳导致人的绩效的降低、生理和心理反射的下降以及/或者进行理性判断的能力出现障碍”。

从最广泛的意义来看，疲劳指人在活动过程中机体的某些部分或整体机能的下降或衰竭状态。这里的活动,既指人的动作活动,也指认知思维活动或精神活动。从生产劳动的角度来说,疲劳是指人在从事生产劳动的过程中,由于体力的支出、能量的消耗,导致身体机能下降而影响工作效率的一种生理—心理状态。在这里,疲劳是工作效率下降的原因,工作效率下降则是疲劳导致的结果。从心理学的角度来说,疲劳是多种感受体验的综合,这些感受包括无力感、注意力涣散、感觉失调、动觉紊乱、思维与记忆障碍、意志衰退、睡意强烈等。

疲劳现象的出现要有一个过程。疲劳作为一种身心状态,具有明显的积累特征。它大体可以区分为三个阶段或三种程度,即轻度疲劳阶段、一般疲劳阶段和过度疲劳阶段。

(二)生理疲劳与心理疲劳

疲劳一般可分为生理疲劳与心理疲劳两大类。

生理疲劳指个体的生理系统发生变化,引起工作能力下降的一种现象。生理疲劳是机体能量消耗的结果,它属于机体的一种保护性机制,因而有着重要的生物学意义。它是对人发出的一种警戒信号,提醒人们要及时采取措施,注意适当休息,以免造成对机体的更大损害。

心理疲劳指人体肌肉工作强度不大,但由于神经系统紧张程度过高或长时间从事单调、厌烦的工作而引起心理机制发生变化的疲劳。心理疲劳的本质应该是出于心理功能、神经系统方面利用过度、紧张过度从而导致其功能降低所产生的疲劳,或者是由单调、重复的工作所引起的一种厌倦感。

生理疲劳和心理疲劳是有区别的,但两者又是有联系的。生理疲劳是为工作所倦,不能再干;而心理疲劳则是倦于工作,不想再干。无论生理疲劳还是心理疲劳,都有损于操作者身心健康,且随时可能导致事故发生。

(三)产生疲劳的原因

国际海事组织的上述第 A. 772(18)号决议认为,“疲劳可能起因于过长的精神或身体活动、不充分的休息等因素,恶劣的环境因素、生理因素以及/或者压力或其他心理因素”。同时,该决议认为,休息质量差、过重的工作负荷、噪声和人际关系紧张是公认的导致疲劳的原因。此外,该决议还列举了促成疲劳的以下几种因素:

1. 管理上的因素

这方面的因素有工作和休息时间的安排、配员等级、职责的分派、岸—船之间的支持和交流、工作程序的标准化、航次计划、瞭望做法、管理方针、重要操作、娱乐设施和管理职责。

2. 船舶方面的因素

这方面的因素有自动化程度、设备的可靠性、运动特性、振动、高温和噪声等级、工作和生活环境的质量、货物特性和要求、船舶设计。

3. 船员方面的因素

这方面的因素有培训的熟练程度、经验、船员构成、凝聚力、船员的适任能力和品质。

4. 外部环境方面的因素

这方面的因素有天气、港口状况、冰况和船舶通航密度。

(四)疲劳对认知功能的影响

疲劳的产生会使人的认知能力显著下降,出现注意力不集中、记忆力下降、认知思维混乱;工作时间稍长就会出现头晕、头痛、头胀的症状,无法正常保持正规瞭望。

当疲劳时,人的精神状态也会受到影响,出现精神不振、心情抑郁、烦躁、自信心丧失。这种精神状态会使人对工作丧失兴趣，进一步影响认知功能。疲劳严重时，人会陷入昏睡，完全丧失认知功能。

经典案例分析

"Hoo Finch"船险肇案

2004 年 2 月 25 日约 0600 时，货船"Hoo Finch"船在从 Teesport 驶往 Teignmouth 的途中按计划航线驶入了 Humber 深水锚地，与起锚后正在此处操纵船舶迎接引航员的散货船"Front Viewer"船构成了交叉相遇局面，"Hoo Finch"船为让路船。但该船值班大副因疲劳而反应迟钝，不能适当解释他看到的局面，因而没有及早采取大幅度的果断行动，只是在最后时刻，两船采取行动才勉强避免了碰撞。

大副承认，长时间的值班和靠港后的繁忙工作使其长期睡眠不足、疲劳积聚，生物节律受到干扰。在此次事件中，他虽然没有睡着，但认知能力显著下降。

经典案例分析

"Jambo"船搁浅案

2003 年 6 月 29 日 0515 时，塞浦路斯籍杂货船"Jambo"船在苏格兰西海岸的 Loch Broom 港入口处的 Summer 岛附近搁浅，不久后沉没。当时已天亮，能见度良好，无涌浪。大副值班，但因疲劳而睡着，从而没能按计划在 Rubha Reidh 附近转向，因而搁浅。搁浅时的触碰冲击力才将他惊醒。当时还有一名值班水手，但他在搁浅之前约 1 h 离开了驾驶台。

"Jambo"船上共有 7 名船员。船长和大副分别值 0600～1200 和 1200～0600 的航行班，每人每天要各值班 12 h。这已经使大副感到疲劳。同时，该船定期频繁地靠港，大副还要履行管货的职责，其休息规律被打乱，造成疲劳的长期积聚。

(五)消除疲劳的措施

1. 保证充分的休息时间

导致疲劳的主要原因是休息时间不足。因此，充分的休息可使船员消除疲劳。对此，一系列的国际和国内法规做出了明确规定。例如：

1)《STCW》公约

《STCW 规则》第 A-VIII/1 节对值班人员的值班时间做出了明确的规定：

(1)所有分派作为负责值班的高级船员或部分组成值班的普通船员应在 24 h 内有至少 10 h 的休息时间。

(2)休息时间可以分为至多不超过 2 个的时间段，其中一个时间段至少要有 6 h。

(3)在紧急、演习或在其他超常工作情况下，不必保持上述第(1)和第(2)段规定的关于休息时间的要求。

(4)尽管有上述第(1)段和第(2)段的规定,10 h 的最短时间可以降到不少于连续的 6 h,条件是这种降低不得超过 2 天,并且在 7 天时间内提供的休息时间不少于 70 h。

2)《2006 年海事劳工公约》

《2006 年海事劳工公约》标准 A2.3 不仅对海员的最长工作时间进行了限制,还对海员的最短休息时间做出了保障,相关规定如下:

(1)“休息时间”系指工作时间以外的时间,这一词不包括短暂的休息。

(2)各成员国承认,同其他工人一样,海员的正常工时标准应以每天 8 h,每周休息 1 天和公共节假日休息为依据。然而,这并不妨碍成员国利用有关程序批准或注册在不低于这一标准的基础上确定海员正常工时的集体协议。

(3)最长工作时间:

(i)在任何 24 h 时段内不得超过 14 h;且

(ii)在任何 7 天时间内不得超过 72 h;或

(4)最短休息时间:

(i)在任何 24 h 时段内不得少于 10 h;且

(ii)在任何 7 天时间内不得少于 77 h。

(5)休息时间最多可分为两段,其中一段至少要有 6 h,且相连的两段休息时间的间隔不得超过 14 h。

(6)应变部署、消防和救生艇演习以及国家法律、条例和国际文件规定的演习应以对休息时间的影响最小和不会造成疲劳的方式进行。

(7)在某一海员处于随时待命的情况下,例如,机舱处于无人值守时,如果海员因被招去工作而占用了正常的休息时间,则应给予充分的补休。

较长时期连续的生理疲劳会引起人的心理疲劳,同时生理疲劳本身也是引起事故的因素。生理疲劳过程是体内能量物质消耗释放的过程,而休息过程则是物质的补充和能量的贮存过程。因此休息是消除疲劳的重要措施,经过休息能使人精力充沛、反应敏捷,并避免由此引起的心理疲劳。

有试验证明,休息效果随休息时间的增加而不断下降,在休息初期效果较好,接着就慢慢减少。此外,初期疲劳,通过休息恢复很快;过度疲劳,恢复则很慢。所以,应适当安排休息间隔时间和每次休息长度,不应该把休息时间集中使用,而让操作者长时间连续作业。

2. 船员自我管理,注意自己的疲劳状况

船员的自我调节对疲劳的预防和消除有着非常重要的作用。船员应了解影响疲劳的因素、疲劳的特征及其后果,便于发现和掌握自己的疲劳程度。其次,船员应掌握自己的生物节律,尽可能把自己的昼夜生物节律调整到与航行值班时间一致,使自己的疲劳时间和休息时间一致。

主观症状是疲劳的最敏感指标。因此,船员自感疲劳时应及时调整。当发现自己的疲劳情况会影响到值班安全时,应当向大副或船长提出,不能一味地坚持。对此,《STCW 公约》规定,值班驾驶员在航行值班时,由于工作强度大,当感到疲劳以至于难以保证安全值班时,应当毫不犹豫地通知船长。

总之,疲劳是个复杂的问题,涉及面很广。船员间应保持良好的人际关系,互帮互助,创造和谐的人际环境,保持身心的健康。

二、酒精

酒精会对人的生理和心理产生不良的影响,并严重影响人的认知能力。

(一)酒精对人的认知功能的影响

酒精是一种兴奋剂,也是一种抑制剂。在酒精的影响下,人们常出现以下反应:

1. 感觉迟钝,观察能力下降;
2. 注意力无法集中且注意力下降;
3. 记忆力下降;
4. 责任感低,草率行事;
5. 判断能力下降,出错率高;
6. 动作协调性下降,动作粗猛;
7. 视听能力下降,易出现幻象和错听;
8. 语言表达能力下降;
9. 情绪波动较大,攻击性强;
10. 自我意识缺乏,易冒险。

酒精除了能够使人的认知能力下降外,在疲劳的影响下,还往往使人的大脑活动受到抑制,甚至陷入昏睡。

经典案例分析

渔船"Betty James"船搁浅案

2000年7月9日晚,渔船"Betty James"船在苏格兰的Mallaig港将渔货卸上岸。次日凌晨0015时又起航驶往渔场。值班驾驶员在Mallaig靠港期间喝了三瓶啤酒,再加上夜间有些疲劳,开航后不久就在酒精的作用下睡着了,因此错过了从Rhum岛和Eigg岛之间穿过的计划航线转向点。0230时,该船搁浅。

"Kathrin"船搁浅案

2006年2月12日晚,"Kathrin"船航行在多佛尔海峡分道通航制的东北通航分道内,驶往英国的New Holland港。约1853时,船长到驾驶台接替大副值班。2147时,船长将航向调整到西北方向,以直角穿越西南通航分道。在穿过分道并让清其中的船舶后,船长下到房间取文件,30 s后回到驾驶台,坐到左舷的椅子上睡着了。

轮机长正在其位于船舶左舷的房间里工作。他感觉到船舶蹭到海底,随即跑到驾驶台。在驾驶台,他看到船长站在右舷前面的角落里向前张望,便向他大喊"船搁浅了",但船长没有反应。轮机长便将可变螺距操纵杆拉到0°(停车),再到后退5°。之后他跑到机舱,调整辅机。他叫醒正在房间睡觉的大副并和他一起来到驾驶台,看到船长还站在原来的位置,看起来好像不知道发生了什么。

在2240时，大副通过定位确认船舶已经搁浅，便与轮机长一起操纵车舵进行脱浅。2247时，脱浅成功。在此期间，船长默不作声，显然已经醉酒。在剩余的航程中船长一直未能履行其职责。

靠岸后，船长被检测出呼吸中的酒精含量达40 mg/100 mL，远远超过35 mg/100 mL的上限规定。船长在后来的指控中认罪，因船舶搁浅被判监禁4个月，因饮酒相关的罪过被判监禁7个月。

（二）酒精损害的一般界定

现在还没有一个关于酒精损害的统一标准。国外有的船公司将船员的酒精损害定义为0.04%（40 mg/100 mL）或以上的血液酒精含量，这相当于2个单位的酒精。

“酒精单位”是用来计量饮酒量的实用术语。1个单位的酒精相当于10 g纯酒精（乙醇）。这相当于1/2 pt啤酒（约280 mL，相当于半瓶啤酒）或苹果酒，或者1玻璃杯葡萄酒或雪利酒（125 mL）。

一个普通人在任何1h内持续均匀地饮下3个单位的酒精就会使其血液酒精含量达到90 mg/100 mL，这可能需要4~5 h才能降到40 mg/100 mL的损害指标之下。身体要排出1个单位的酒精约需要花费1 h。

（三）禁酒的相关规定

对于酒精和药物对安全值班的影响，当事国在为履行《STCW公约》而进行国内立法时往往进行了强制性的规定。例如，我国《海船船员值班规则》第125条规定：“船员不得酗酒。值班人员在值班前四小时内禁止饮酒，且值班期间血液酒精浓度（BAC）不高于0.05%或呼吸中酒精浓度不高于0.25 mg/L。”

三、药物

药物会对人的认知系统产生不良影响，负有航行值班职责的人员尤其应当给予注意。

（一）最常见的滥用药物

影响人的认知功能的药物有以下几类：

1. 镇静剂

镇静剂的基本作用通常是抑制神经系统，降低心理唤醒水平，使人感到放松。酒精、绝大多数鸦片类制剂、止痛药物、安眠药物、抗焦虑药物等属于镇静剂，例如海洛因、吗啡、可卡因、鸦片、美沙酮、大麻（大麻烟卷）、巴比妥酸盐（抑制剂）、安定、利眠宁等。

2. 兴奋剂

兴奋剂的基本作用是使人更加警觉，更有活力，神经持续兴奋。咖啡因、尼古丁、安非他明和可卡因等属于此类物质。

3. 致幻剂

致幻剂能够使人产生虚幻的感觉。这类药物主要有麦角酸酰二乙胺（LSD）、摇头丸和魔菇（迷幻性菌菇类）等。

（二）药物对认知功能的影响

不同的药物对人的认知影响是不同的：镇静剂会使人的认知思维受到抑制；兴奋剂会使人过于兴奋而注意力难以集中；致幻剂则会使人产生虚幻的感觉。

无论如何，这些药物均会影响人的认知能力，使人无法对外界环境进行正确的认知。

为了避免药物的不良影响，我国《海船船员值班规则》第 126 条规定："船员不得服用可能导致不能安全值班的药物。"但对哪些药物会导致"不能安全值班"以及禁止的剂量等都不明确，船员也没有能力加以判别，船上也缺少鉴定的手段，缺少实际操作性。因此，航行值班人员应当注意自己服用的药物，发现存在不良反应时应当及时报告和处理。

例如，1989 年 4 月，"Brixam I"船一名水手因食用船上装运的腰果而出现过敏，遂服用治疗过敏的药物扑尔敏。因扑尔敏具有较强的安眠副作用，该水手在值班期间一直处于昏睡状态，无法正常值班，只能安排其他水手替班。

思考题

1. 视觉有哪些局限性？
2. 听觉有哪些局限性？
3. 人对危险的感知过程可分哪几个阶段？
4. 疲劳对认知能力有哪些影响？
5. 消除疲劳的措施有哪些？
6. 酒精对人的认知能力有哪些影响？
7. 我国《海船船员值班规则》对饮酒有哪些禁止性规定？
8. 药物对认知功能有哪些影响？

第四章 安全心理和安全行为

人是船舶的操作者和安全法规的执行者，其心理状态对其行为存在直接的影响。事实证明，同一个人，在不同心理状态的支配下，会出现不同的行为状态。不良的心理和行为对船舶的安全构成直接和潜在的威胁，需要对其进行分析和把握。

第一节　安全心理概述

一、心理学概述

“心理学”一词来自希腊文，意即“灵魂之科学”。它是研究心理过程发生、发展的规律，个性心理形成和发展的过程以及心理过程和个性心理相互关系的科学。

心理过程是人心理活动的过程，包括人的认识过程、情感过程、意志过程。认识过程是一个人在认识、反映客观事物时的心理活动过程，包括感觉、知觉、记忆、思维和想象过程，注意只是伴随在心理过程中的心理特性。情感过程是一个人在对客观事物的认识中对事物态度的体验，它总是和一定的行为表现联系着，如满意、愉快、气愤、悲伤等。意志过程是人在工作时有意识地提出目标，制订计划，选择方式方法，克服困难，以达到目的的心理活动，是人与动物的本质区别。

心理过程是人们共有的心理活动。但是，每一个人的先天素质和后天环境不同，心理过程在产生时又总是带有个人的特征，从而形成了个性。个性心理包括个性倾向性和个性心理特征两个方面。个性倾向性是指一个人所具有的意识倾向，也就是人对客观事物的稳定态度。它是人从事活动的基本动力，决定着人的行为的方向，其中主要包括需要、动机、兴趣、理想、信念和世界观。个性心理特征是一个人身上表现出来的本质的、稳定的心理特点。例如,有的人有数学才能,有的人有音乐才能,这是在能力方面的差异;在行为表现方面,有的人活泼好动,有的人沉默寡言,有的人热情友善,这些是气质和性格方面的差异。能力、气质和性格统称为个性心理特征。

二、个性心理

一个人的个性是在其先天遗传素质的基础上,通过后来的社会生活实践活动,形成和发展起来的个体心理特征的总和。个性具有倾向性和稳定性。人的个性心理特征主要包括三个方面,即人的能力、性格和气质。

1. 能力

能力是指人们成功地完成某种活动所必需的个性心理特征,如公司领导和组织船舶安全生产的管理能力,海员的劳动能力、识别和消除不安全因素并相应地采取安全措施的能力等。

能力可分为一般的能力和特殊的能力。例如,观察力、记忆力、注意力、思维力、语言的感知、理解力、表达力和想象力等属于一般能力。它们适用于广泛的活动范围,并保证人们较容易和有效地掌握知识,与认识活动密切联系着。节奏感、彩色鉴别能力等属于特殊能力,它们只在特殊领域内发生作用。

要顺利地完成某种复杂的活动,就需要多种能力的完备结合,这种多种能力的结合称为才能。才能的高度发展就是天才,它能使人创造性地完成某种或多种活动。

制约能力发展的条件有两个方面:一是素质,二是环境、教育和实践活动。素质是有机体生来具有的某些生理特点,主要是神经系统、感官系统和运动器官等。素质是能力形成和发展的自然前提。素质本身不是能力,同样素质与能力也不是一对一的关系,在同样的素质基础上可以形成各种不同的能力。素质相差无几的人,其能力发展之所以有差别是由环境、教育和实践活动造成的。因此海员的安全教育和培训以及特殊船舶职责的培训就是在海员自身素质的基础上,通过教育达到所要求的操作能力,确保安全生产。

2. 性格

性格是指一个人在个体生活过程中所形成的,对现实稳固的态度以及与之相适应的习惯的行为方式等方面的个性心理特征。性格是十分复杂的心理构成物,它由不同的性格特征所组成。

1)性格的态度特征

性格的态度特征主要表现在处理各种社会关系方面的特征,如处理个人、社会、集体的关系,对待劳动、工作和安全的态度,对待他人和自己的态度等。

2)性格的理智特征

性格的理智特征表现在感知、记忆、想象和思维等认知方面的个体差异:感知方面的性格特征如主动观察型和被动观察型、详细罗列型和概括型、快速型和精确型等;记忆方面的性格特征如主动记忆型和被动记忆型、直观形象记忆型和逻辑思维记忆型等;想象方面的性格特征如主动想象型和被动想象型、幻想型和现实型、敢于想象型和想象受阻型、狭隘想象型和广阔想象型等;思维方面的性格特征如独立型和依赖型、分析型和综合型等。

3)性格的情绪特征

性格的情绪特征是指人在情绪活动时,在强度、稳定性、持续性和主导心境等方面表现出来的性格特征。

情绪强度特征表现为个人受情绪影响的程度和情绪受意志控制的程度。有的人情绪体验比较强烈,很难用意志控制;有的人情绪体验比较微弱,容易用意志控制。

情绪稳定性特征表现为情绪起伏波动程度。有的人易激动,不易控制;有的人较稳重,情绪活动引起得较慢,易控制。

情绪持续性特征表现为个人受情绪影响时间长短的程度。有的人持续时间长,有的人持续时间短。

主导心境特征表现为不同的主导心境在一个人身上表现的稳定程度。有的人经常欢乐愉快,有的人经常抑郁低沉,有的人经常安乐宁静,有的人却经常任性激动。不同的主导心境鲜明地反映着不同的性格特征。

4)性格的意志特征

性格的意志特征是指人在对自己行为的自觉调节方式和水平方面的性格特征。按照调节行为的依据、水平和客观表现,性格的意志特征可分为:对行为目的明确程度的特征,如目的性或盲目性、独立性或易受暗示性、纪律性或散漫性等;对行为自觉控制水平的特征,如主动性或被动性、自制力或缺乏自制力、冲动性等;在长期工作中表现出来的特征,如恒心、坚韧性或缺乏耐心、见异思迁等;在紧急或困难情况下表现出来的特征,如勇敢或怯懦、沉着镇定或惊慌失措、果断或优柔寡断等。

以上几个特征是密切联系的。一般地说,一个在工作、学习上态度认真、踏实勤奋的人,在意志上有较好的坚持性和自制力;具有谦逊品质的人,在情绪方面遇事往往很少会暴躁、易怒。

3. 气质

气质是个体心理活动的稳定的动力特征。心理活动的动力特征主要是指心理过程的速度和稳定性(如知觉的速度、思维的灵活程度、注意集中时间的长短),心理过程的强度(如情绪的强弱、意志努力的程度)以及心理活动的指向性(有人倾向于内心世界、有人倾向于外部事物)等方面特点。

气质不是一成不变的,常随年龄和教育的影响而发生变化。多数人具有的是一种气质的个别特征与其他气质的若干特征相结合的气质。

气质是影响人的心理活动和行为的动力特征,是人的稳定的心理特征之一。气质同其他个性心理特征相比,它不是一个人精神世界最本质的特征,而只具有从属的意义。但由于它是构成人们个性品质的一个基础,因此,它是必须被充分重视的重要因素。

人的心理和行为不是由气质决定的,而是由社会生活条件和个人的具体生活状态决定的。在安全教育和安全检查中,并非一定将某人划归为某类型,而主要是测定、观察每个人的气质特点及气质影响性格的表现方式,使性格特征带有独特“色彩”,以便有针对性地进行有效的教育和培训。

第二节　心理与安全

在生产实践过程中,导致人的不安全行为产生的主要因素是人的生理因素、心理因素及现实环境因素。

海员在操作过程中,始终伴随着多种复杂的心理活动,这些心理活动是一个信息的收集、传送、加工、储存、执行和反馈的过程。它包括了海员的感知、记忆、想象思维、注意、情感、意志等心理过程,并融进了海员的个性心理特征。

性格对事故的发生有着直接的影响。

性格是一个人较稳定的对现实的态度和与之相应的习惯化的行为方式。性格分为情绪型、意志型和理智型。具有理智型性格的人,由于行为稳重且自控能力强,因而行为失误少;情绪型相比之下就容易发生事故,由于情绪型属于外向型性格,行为反应迅速,精力充沛,适应性强,但好逞强,爱发脾气,受到外界影响时,情绪波动大,做事欠仔细;意志型的人属内倾性格,善于思考,动作稳当,但反应迟缓,感情不易外露,受到外界影响时情绪波动小,由于个性较强,因此也具有事故主观倾向。

情绪与事故也存在着密切的关系。情绪是人心理的微观波动状态,人的行为过程往往受情绪的支配,喜、怒、哀、乐、悲、恐、惧等都对行为产生影响。情绪处于极端状态往往是行为失常的基础条件,行为的失常又常常是事故的前提。

此外,气质、兴趣、态度等个性心理因素也与事故行为具有特定的联系。

一、侥幸心理

侥幸心理是指当某种行为既可以导致有利后果,也可以导致不利后果的情况下,行为人认为不利后果不会发生的主观判断。也就是说,凡是知道操作行为有一定危险,但仍然冒险操作的人,都可以认为是存有侥幸心理。在侥幸心理驱使下的冒险行为,所追求的是省时、省事、减少疲劳等。侥幸心理是航行人员违章操作的重要因素,如雾中超速行驶等。

经典案例分析

"MV Pride of the Dart"船触礁案

2002 年 6 月 28 日 1108 时,英国客船"MV Pride of the Dart"船载运旅客和船员共 27 人离开 Torquay 港,驶往 Dartmouth。船长偏离航线驶近离岸边约 0.15 n mile 的 Mew Stone 礁石,决定从海岸和礁石之间通过,以便旅客可以观看在礁石上吼叫的海豹。船长意识到这样做存在触礁的危险,但自认为没有太大问题。在驶近后船长意识到,涨潮太高将礁石淹没,看不到海豹,因而想向左转舵从礁石以外驶过。但因舵机传动机构出现故障而无法向左转舵,船长只好按原计划转右舵欲从海岸和礁石之间通过,但不久因离礁石太近而触礁。

在这次触礁事故中,船长明知靠岸太近存在触礁的危险,但在侥幸心理驱使下仍然冒险,最终酿成事故。

二、盲目自信和麻痹心理

盲目自信心理表现为,自己对当前的工作轻车熟路,认为不会出现危险。麻痹心理指由于经验的影响,或者认为工作太简单,因而对危险视而不见的心理过程。盲目自信和麻痹心理常常是联系在一起的,即因自信而麻痹。在这样的心理状态支配下,往往心不在焉,凭经验、印象、习惯进行操作,工作时漫不经心,没有意识到操作方法有错误,在作业过程中也没有注意到出现异常情况。当突然出现与预料相反的客观条件变化时,由于没有心理准备,原有定势遭到破坏,因此往往表现为惊慌失措、手忙脚乱,未能采取有力措施,最终造成事故。

经典案例分析

"MV Eastfern"船碰撞案

2000 年 9 月 25 日,"MV Eastfern"船沿英吉利海峡西南方向的通航分道行驶。在驶过最狭窄和最繁忙的多佛尔航段后,感觉通航密度降低,其他船舶均为同向,没有太大碰撞危险,因而放松了瞭望,结果被追越的"MV Kinsale"船碰撞船尾。

DY 船碰撞案

2003 年 4 月 27 日凌晨,DY 船在大连港装货后开航,前往湛江港加载。4 月 30 日 1215 时,船长在驾驶台提醒二副注意渔船。1225 时,值班水手看到一条小渔船在右舷 30°左右,距离大概 3 n mile,向左斜插,恰好二副从海图室出来,值班水手把那条渔船的动态告诉了二副。二副看了一下海面和雷达说:"没事。"然后就到驾驶台右翼甲板瞭望。当右舷渔船距 DY 船 0.71 n mile(值班水手在雷达上观测)时,值班水手提醒二副:"我们是不是该让了?"水手就回到了操舵的位置。二副说:"没事,它不敢过来。"过了一会儿,二副问:"现在航向多少?"水手回答:"225°。"这时看见渔船向右转向后又突然向左转。据二副称,约 1239 时,命令舵工改用手操舵,并走 215°,水手还没回答完舵令,又接着要左舵 20°、左满舵,水手在确定是要左满舵后将舵操到左满舵。当看到船首刚向左转动时就发生了碰撞。

从相遇的态势看,右舷前方的渔船无论是作为横交船还是被追越船,DY 轮都负有让路的责任。但 DY 船麻痹自信,没有及早地、大幅度地履行让路义务;在碰撞即将发生时,还只是向左改变航向 10°,最后才叫了左满舵,但为时已晚,碰撞已不可避免。

三、捷径心理

人总是希望以最小的能量消耗取得最大的工作效果。捷径反应是人类行为的共同特征。实际上,捷径心理是由人类追求个人利益最大化的需求而产生的。捷径心理的表现形式多种多样,通常是不愿受操作程序的制约,简化必不可少的操作步骤,或违反操作程序,结果往往导致事故发生。典型的情况就是在能见度不良时违反《避碰规则》的规定而懒于进行雷达标绘,如下例:

经典案例分析

YT船碰撞案

2005年4月26日，YT船离开韩国釜山锚地，驶往卸货港浙江海门。28日中午，驶至中国沿海，航速约7 kn，海面有雾，能见度约100 m。约1225时，通过右边3 n mile挡的雷达尾迹线（相对运动线）观察，在本船右前方（舷角）约7°，距离约3 n mile有一回波（事后证实该回波为“浙岱渔09503”船），估计为锚泊或漂航船，并预计可以保持DCPA 0.3 n mile通过。1245时，在雷达上发现该回波在本船右舷20°左右、距离约1.2 n mile，观察此船尾迹线有向本船首方向靠拢的迹象，即鸣一长声以示警告，仍保向保速航行。当雷达上发现回波在距本船右舷30°、距离0.8 n mile时，他船尾迹线（相对运动线）与本船首尾线保持平行。当两船相距0.3 n mile时，回波进入雷达盲区而消失，即改车速为微速前进，并改自动舵为手动舵，鸣一长声，航向不变。大约过了3.5 min，在两船相距约100 m时，发现对方船即停车，但为时已晚，YT船船首与“浙岱渔09503”船左舷驾驶台前部发生碰撞。

四、屈服心理

屈服心理多数是在某些权势的压力下形成的。由于人们预期有权势的人会在其指令被违抗的情况下采取制约自己的措施，从而在权势面前妥协让步，放弃原则，违心服从，从而偏离安全行为。

屈服心理的另一种表现是从众行为。具有这种心理因素的人，常常看到别人或大多数人怎么做，他也随波逐流跟着怎么做，否则会感觉不合群，不近常理，屈服于传统的习惯势力和舆论压力。这种心理还往往具有一定的传染性和蔓延性，严重时会威胁航海安全。

经典案例分析

N3船搁浅案

1977年11月22日，N3船自日本回国，欲进青岛港。1025时，过1号浮标、前进一。当时海面视程较差，航道上有许多小船，船长在避让过程中忽略了对船位的控制。1040时，三副测得一个船位（团岛真方位127°、距离1.2 n mile）。3 min后另一名三副测得另一个船位（团岛真方位126°、距离1.43 n mile）。尽管这两个船位相互印证，但船长自恃对青岛港比较熟悉，再加上他在避让小船后对位置感觉上的错觉，主观地认为两名三副的定位是错误的，但他自己又没有核对，后又将锚泊船的灯光误认为是灯浮，最终N3船在中浅滩搁浅。

在本案中，两名三副确信自己的定位没有错误，但不敢挑战船长的权威，没有使船长及早发现并纠正其错误。

与屈服心理相反的是霸道心理。

经典案例分析

LM 船搁浅案

1979 年 5 月 13 日 1802 时，LM 船离开康斯坦察港返航。14 日 0432 时，船长上驾驶台指挥进入博斯普鲁斯海峡。在海峡航行过程中，值班大副经过定位发现船舶过于靠近岸边，曾三次提醒船长“靠岸太近”，但船长置之不理。0531 时船舶搁浅。

五、逆反心理

心理学家认为，人的动机具有内隐性的特征。逆反心理便是动机的这种内隐性的特征之一。逆反心理往往在年轻人身上比较明显，其表现一般是“你让我这样，我偏要那样”。逆反心理通常是在受到处罚或思想上带有某种偏见时产生的。有了逆反心理，会引起心理上的不快，产生与领导或规章制度的抵触、对抗情绪。逆反心理的行为表现一般有两种：一种是公开故意与安全操作规程或有关制度对着干；另一种是隐蔽的抵触行为，阳奉阴违，对于别人因自己违章而提出的批评劝阻，当面虚心接受、中止违章行为，过后不久，又故态复萌、我行我素。

经典案例分析

N4 船碰撞案

1977 年 4 月 21 日，从欧洲满载返航途中，N4 船在追越一艘挪威货船时过于靠近该船，特别是碰撞前 1 min，当两船横距仅有 20～30 m 时，值班大副仅转向 4°避让。最终两船发生碰撞。

当时的会遇局面简单清楚，避让方法也不复杂。但值班大副在值班过程中存在着逆反对立情绪，故意不遵守安全规章制度和船长的指示。在当天下午 4 时到值班时间时，大副没有主动上驾驶台，仍在睡觉，用电话叫不起，敲门也无效。最后只好用万能钥匙将其房门打开，将其叫起。他晚饭时又没有喝上汤，因此赌气，拿了瓶啤酒边喝边上驾驶台。值班大副带着这种心理值班，就会带着一种与安全制度对抗的情绪。

有逆反心理的人，对各种安全法规、规章制度缺乏理性认识，对企业的安全生产要求产生一种反感心理，这直接影响到他们的安全意识。

六、紧张心理

当紧急事态或非常规状态发生时，工作量突然增加，给海员精神上造成巨大的压力，使大脑过载，从而使信息处理能力显著降低。人在过度紧张的心理背景下的行为特点，从信息输入、处理到输出，都比正常状态下容易向失误行为倾斜。

经典案例分析

"MV Black Sheep"船碰撞案

1998年12月31日,"MV Columbus Canada"船沿Galveston Bay入口航道出港,"MV Black Sheep"船则在该航道中进港,两船在直航道上呈对驶态势。当时有雾,能见度不良。在两船接近交会时,"MV Black Sheep"船的船长在雷达上观察"MV Columbus Canada"船的回波,由于过度紧张而变得敏感,感觉"MV Columbus Canada"船正左转到其前方,因而下令左舵以背离"右行规则"进行避让。两船随后在3号浮标附近碰撞。

实际上,"MV Columbus Canada"船没有向左转向,仍处在其航道的右侧。"MV Black Sheep"船船长的感觉完全是因紧张而造成的。

七、依赖心理

依赖心理是指同时负有航行职责的几个值班人员互相依赖对方会保持正规瞭望而自己放弃或疏忽瞭望的心理状态。

经典案例分析

HA 船碰撞案

1980年5月15日0656时,HA船离开日本下松港。0821时,遇雾并伴有雨,视线变坏,船长上驾驶台。0827时,雷达故障。0829时,船长在驾驶台左侧约70°突然发现来船,距离约500 m。船长立即下令停车,后退三,左满舵。3 min后,两船相撞。

显然,疏忽瞭望、发现来船太晚是碰撞的主要原因。在碰撞前,驾驶台共有五人,三副在海图室看海图,实习三副在调试雷达船首线,值班一水因肚子疼回去休息,另一名水手在操舵,只有船长一人在瞭望,其他人员均在互相依赖对方瞭望。

D 船碰撞案

2004年12月某日,D船在镇江港装货后经长江口驶向菲律宾某港卸货。次日中午改驶航向180°南下,航速13 kn。当时天气晴好,海面东北风6级,能见度良好,周围船舶稀少。下午约1300时,当班水手在得到值班驾驶员的许可后到罗经甲板和其他四名水手一起从事维修保养工作,留下值班驾驶员一人值班。约1330时,值班驾驶员发现一艘集装箱船(J船)正在从左正横后约60°的方位赶上,距离约5 n mile。通过雷达标绘得知,J船航向约210°、航速15 kn。D船值班驾驶员认为,J船为追越船,会给本船让路。因此,D船值班驾驶员就决定不再关注J船,并同时认为,如果J船以及其他船舶逼近,在罗经甲板上工作的水手肯定会发现并告诉自己。D船驾驶员遂进入海图室修改海图,偶尔抬头看一眼前方,直到约1530时,J船从后面赶上并撞在D船的第5货舱。

D船驾驶员首先依赖追越的J船来采取主动的避让行动，之后又依赖没有瞭望职责的水手来提醒自己。当这些“依赖”落空时，事故也就发生了。

第三节　行为与安全

一、安全行为科学

20世纪90年代以前，安全科学技术体系中更多的是研究安全心理学。显然，对于安全心理学的研究，其目的是控制人的不安全行为，这是预防人为事故的重要方面。但是，安全管理和安全教育不仅强调对不安全行为的控制，更要重视对安全行为的激励。这样才能使管理和教育的效果更为理想，使预防事故的境界更为提高，而这一目标的实现，就是安全行为科学的任务。

安全行为科学的研究对象是社会、企业或组织中的人和人之间的相互关系以及与此相联系的安全行为现象，主要研究的对象是个体安全行为、群体安全行为和领导安全行为等方面的理论和控制方法。安全行为科学的基本任务是通过对安全活动中各种与安全相关的人的行为规律的揭示，有针对性和实用性地建立科学的安全行为激励理论，并应用于提高安全管理工作的效率，从而合理地发展人类的安全活动，实现高水平的安全生产和安全生活。安全行为科学的目的是要达到控制人的失误，同时要激励人的安全行为。

二、人的行为特征

行为，简言之就是人类日常生活所表现的一切动作。

行为科学认为，行为既是人的机体对外界刺激做出的反应，又是人通过一连串动作实现其预定目标的过程。与机械设备性能的一致性、稳定性相比，人的许多性能不如机械设备，存在明显的个体差异和不稳定性。

德国心理学家莱文（Kurt Lewin）考虑了个体对人的行为的影响，把行为定义为个体与环境相互作用的结果。他认为，人的行为是有起因的，是受激励的，是有目的的。于是，人的行为模式可表示为“刺激（S）—机体（O）—反应（R）”，这是一个不断循环的过程，图4-1为莱文的行为模式示意图。

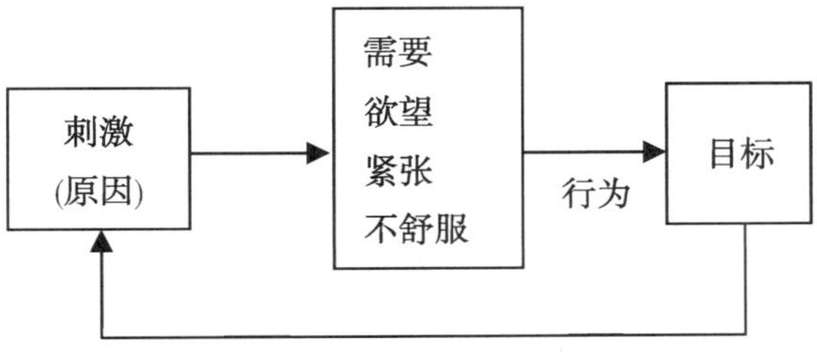

图4-1　莱文的行为模式示意图

莱文提出的行为原理也可以表达为下面的公式：

$$B = f(P, E)$$

即“人的行为”B(Behaviour)是变量“人”P(People)和“环境”E(Environment)的函数。环境是指客观外界环境。值得注意的是，这里的人的因素和环境因素不是相互独立的，而是相互关联的两个变量。一般地，人的因素会受到环境因素的影响而发生变化。

考虑到事故的发生是人的行为的结果，日本的鹤田根据上述模型提出了事故发生的模型为：

$$A = f(P, E)$$

式中，A 代表事故，则事故的发生是人的因素和环境因素相互关联、共同作用的结果。

人的因素是人的行为的内因，人的行为取决于个体对外界刺激的处理。在安全工程研究中，把外界刺激称作信息，把对外界刺激的反应称作信息处理。人的信息处理过程的特征是人的因素的重要方面。个人经验、技能、素质、性格等长时期内形成的特性，以及事故发生时相对短的时间里人的状态，如疲劳和兴奋等，都影响人的信息处理过程。

环境因素是人的行为的外因，它包括生产作业条件、作业性质、仪器设备特性以及操作者周围的人组成的人的环境(人际关系)。一般来说，生产作业条件对人的行为有重大的影响，当人际关系恶化时，有时也会影响人的行为而造成事故。

由上述人的行为原理看出，在人的行为动作中(比如运行操作和维修执行等)之所以产生人为失误，其主要机理有：

1. 人感知环境信息方面失误；
2. 信息刺激人脑，人脑处理信息并做出决策失误；
3. 行为输出时失误。

三、群体及其影响

群体是两人或两人以上的集合体，他们遵守共同的行为规范，在情感上互相依赖，在思想上互相影响，而且有着共同的奋斗目标。人们加入群体是要完成某项任务或是要满足自己的社会需要。人们在群体中可以获得和满足安全需要、情感需要、尊重和认同需要以及完成任务的需要。

根据构成群体的原则和方式的不同，可以把群体划分为正式群体和非正式群体。正式群体是指为了实现组织目标而由组织建立的群体。正式群体是由组织正式文件明文规定的，具有组织存在的目的以及组织工作程序的一系列规则，同时组织内部存在着正式的组织分工，有规定的权利和义务，具有固定的信息传递渠道。例如，船舶甲板部和轮机部的组织结构和整个船舶的组织结构等。正式群体一般具有目标具体、强制服从、等级制和规定的信息交流渠道等特点。

行为科学认为，群体规范的形成受到模仿、暗示、顺从等心理因素的制约。群体存在的重要条件之一是它的一致性，即群体成员的行为、情绪和态度的统一。群体成员在相互影响的过程中会产生一种类化的作用，即彼此接近、趋同。这是由于相互模仿、受到暗示、表现出顺从的结果，因而形成群体规范。群体规范形成一种无形的压力，约束着人们的行为，甚至被约束的人都没有意识到这种约束。当一个人同群体中多数人的意见有分歧时，会感受到来自群体的压力，有时会在这种压力之下产生违背自己意愿的行为。

心理学家研究表明，导致个人对群体的顺从现象产生的因素主要包括环境因素和个人因素两个方面。从环境因素来看，如果该群体的意见一贯比较一致，群体比较团结，则成员就比较容易在群体压力之下产生顺从行为；从个人因素来看，当一个人的智力较差，情绪易于波动，自信心不足，依赖性较强时，则易于产生顺从现象。

四、人的安全行为的影响因素

人的安全行为是复杂和动态的，具有多样性、计划性、目的性和可塑性，并受安全意识水平的调节，受思维、情感、意志等心理活动的支配，同时也受道德观、人生观和世界观的影响。态度、意识、知识、认识决定人的安全行为水平，因而人的安全行为表现出差异性。

影响人的行为的个性心理因素主要有情绪、气质和性格。

影响人的行为的社会心理因素主要有社会知觉（包括人的知觉、人际知觉和自我知觉）、价值观和个人社会角色。

影响人的行为的社会因素主要有社会舆论、风俗与时尚、群体关系等。

第四节　注意

一、注意的基本概念

人的周围环境给人们提供了大量的刺激，这些刺激有的对人很重要，有的对人不那么重要，有的毫无意义，有的甚至会干扰当前正在进行的活动。人要正常地生活与工作，就必须选择重要的信息并排除无关刺激的干扰。人脑这种选择信息、排除干扰的功能就是注意的一种重要功能。

认知心理学把人的认知系统看成一种信息加工系统，此系统受到通道容量的限制。人只能从各种感觉信息中选择少量重要的信息进行知觉加工，然后再选择某些信息保存在记忆中；在必要的时候，从记忆中有选择地提取某些信息，对环境中的刺激做出不同的反应。因此，注意在人类的信息加工中有着重要的意义。

注意是人的心理活动对一定对象的指向和集中。指向性和集中性是注意的两个特点。

指向性是指对一定事物的选择，集中性是指对所选择事物的贯注和坚持。这种选择、贯注和坚持的积极状态，使人脑能够清晰地反映周围现实中的一定事物，而对其他事物则反映得模糊不清，甚至完全没有反映。如在海上瞭望时，瞭望人员的心理活动并不是指向海面上的一切事物，而是将可能有损于船舶航行安全的内容从许多事物中挑选出来，并比较长久地使心理活动保持在发现和观察这些物标上。注意的集中性，不仅是指离开一切与瞭望无关的事物，而且也是对与瞭望活动无关的甚至有碍的活动的抑制。这样，海面上出现的与船舶航行安全有关的情况就会在瞭望人员的头脑中得到鲜明而清晰的反映。

从注意的指向性和集中性可以看出，注意本身并不是一种独立的心理过程，而是感觉、知觉、记忆、思维等心理过程的一种共同特性和基础。注意保证了瞭望人员能够及时地集中自己的心理活动，正确地反映客观事物，使人能够更好地适应环境并改造世界。注意是人适应环境、从事生产活动的必要条件。

二、注意的分类

依据注意的特点,注意可以有不同的分类。同时,从注意的分类上可以看出注意的基本特性。

(一)无意注意和有意注意

根据产生和保持注意有无目的和意志努力的程度不同,分无意注意和有意注意两类。

1. 无意注意

它是事先没有预定目的,自然而然发生,不需要做意志努力的注意。在航行环境中,周围环境的突然改变,如 ARPA 雷达发出的警报,都会立刻引起人们的注意。引起无意注意的原因有刺激物的特点和人的内部状态两个方面。

刺激物的特点包括:

1)刺激物的强度,如来船雾号的声响或号灯的亮度等,都会引起无意注意。

2)刺激物之间的对比关系,尤其是刺激物之间强度、形状、大小、颜色或持续时间等方面的显著差别,更容易引起人的无意注意。

3)刺激物的活动和变化,如号灯的闪烁等。

4)刺激物的新异性以引起人的无意注意。

人的内部状态包括:

1)凡能满足人的需要和兴趣的事,都容易成为无意注意的对象。

2)当人的情绪好时,易引起无意注意;情绪不好时会抑制对外部的注意力,对周围的事物提不起精神,即使平时容易引起注意的事物,也不会引起无意注意。

3)知识、经验越丰富就越容易引起长时间的无意注意,知识、经验较少,会引起无意注意,但时间较短。

在海上航行时,既要善于控制无意注意,不要为某些事物分心,又要利用无意注意,提高对周围危险信息的注意。

2. 有意注意

它是有预定的目的,需要做一定意志努力的注意。这种注意不仅指向个人乐意做的事,而且指向他应当要去做的事。海上瞭望本身是一种复杂、持久的活动,其中必然有令人不感兴趣、单调和困难的成分,这就需要瞭望人员经过一定的意志努力,把自己的注意集中并保持在瞭望上,即使出现疲劳或感到单调和困难时,仍必须强迫自己去"注意"。

有意注意和无意注意是互相联系的。在任何瞭望工作中都需要有这两种注意参加。倘若单凭无意注意去从事某项工作,就会缺乏计划性和目的性,显得杂乱无章,难以持久;倘若单凭有意注意去履行瞭望职责,就会由于长时间的紧张努力而使人感到疲劳,无法坚持下去。

(二)选择性注意、分配性注意和持续性注意

这是依据注意的方式进行的分类。

1. 选择性注意

选择性注意是指人们在面临两种或两种以上的刺激输入时,只能选择其中的一种信息,并对这种信息进行反映,而对其他的信息则不进行加工。

2. 分配性注意

分配性注意是个体在同一时间对两种或两种以上的刺激进行注意，或将注意分配到不同的活动中。由于人的注意力范围的局限性，人在完成一项心理作业时，他的认知资源是有一定限度的。这种限度使人们必须把有限的资源有控制地分配到不同的活动或同一活动的不同方面去。

一般来说，简单的活动对资源的要求较低，复杂的活动对资源的要求较高。例如，在通常瞭望时，船员可以一边保持视觉瞭望一边谈话，因为这两种活动没有超出他的信息加工的总容量；相反，在需要不断进行避碰操纵的繁忙海区，由于来自视觉和听觉的大量刺激占用了他的认知容量，他就不能再谈话了。在分配性注意中，分配策略是由四种因素控制的：

1）持久性倾向

这主要是指能够恒久引起人注意的刺激。例如，夜间海面上出现的闪烁的灯光。

2）临时性倾向

这是由当时情景引起的一种注意倾向。例如，进港过程中，努力发现重要的浮标，这时就会特别将注意力放在观测浮标上。

3）对容量要求的评价

即对资源进行的合理分配。例如，在进港操纵的同时接送引航员登离船的情况下，就需要对两种操作合理地分配注意力并评估当时的注意力能否满足两种操作的安全需要。

4）唤起的作用

人处在中等唤起水平时，有效的资源较多。唤起水平太低或太高，都会干扰当前的认知水平。因此，资源的数量并不是固定不变的，它依赖于个体当前的唤起水平。

3. 持续性注意

持续性注意是指注意在一定时间内保持在某个要认知的客体或活动上。例如，值班瞭望时需要瞭望人员持续地观察海面上的物标。持续性注意与下列因素有关：

1）感觉通道的特点。人通过视觉、听觉、触觉等不同的感觉通道接受外界输入的信号。研究发现，包含听觉信号的作业成绩优于包含视觉信号的作业成绩，这是由于听觉比视觉更能保持持久的注意力。

2）刺激物的强度和持续时间。刺激信号的强度和持续时间对持续性注意有显著的影响。强度和持续时间越大，持续性注意的时间就越长，注意的衰减就越缓。

3）事件率。在存在背景事件的情况下，背景事件出现的频率就是事件率。研究证明，持续性注意的质量与事件率成反比，即背景事件出现的速率高，持续性注意的保持就差。

4）对注意行为的结果的了解。如果将注意行为的结果告诉注意者，他就能够较好地保持持续性注意。

三、注意的广度、稳定性和紧张性

（一）注意的广度

注意的广度也叫作注意的范围，指同一时间内能够清楚把握的对象的数量。

注意范围的大小是随着被知觉对象的特点而改变的。被注意的对象越集中，排列得越有规律，越能成为相互联系的载体，注意的范围就越大。

注意范围的大小还随着活动的任务不同和个人的知识经验不同而有所改变。知觉的任务不同,人的经验不同,注意的范围也有所不同。

注意广度的另一种形式是感知在时间上分布的刺激物的广度。一般来说,刺激物数量越多,出现速度越快,判断的错误越多,而且越趋向于低估,这种倾向对于视觉刺激物来说更加明显。注意在时间上的广度也受刺激物的特点和主体状态的影响。

经典案例分析

TC 船碰撞案

TC 船于 1987 年 11 月 21 日 1802 时由青岛驶入大连港大三山水道,视线良好。1815 时与信号台联系申请进港,信号台回答,到 1 号浮标再联系。此时船长及驾驶员发现在 1 号浮标以西航道上有一小船灯光忽隐忽现,动向不明,遂用望远镜观察。约 1820 时,船长突然发现右前方 20°~30°处有一显示红舷灯的大船,并随即听到该船鸣笛一短声。船长随后采取了减速、停车、倒车、VHF 呼叫等措施。1822 时,TC 船与 SC 船碰撞。

在此次事故中,船长和值班驾驶员等人只注意到前方航道上一条动向未明的小船,未能合理地注意进出寺儿沟码头或者从锚地起锚出港等可能横越航道的船舶,注意的广度范围过小,这是未能及时发现 SC 船的主要原因。

经典案例分析

FH 船搁浅案

1996 年 6 月 2 日 0300 时,FH 船从美国北查尔斯顿港开航,约于 0446 时进入港外出口航道 Fort Sumter,引航员下令把定航向后便使用对讲机联络引航艇准备下船。约于 0450 时,船长在海图室听到操舵水手大声复诵“Hard Port”(左满舵),随后,又听到大声报告“Wheel Hard Port”。因引航员没有回答,操舵水手走到左侧门口,再次大声报告左满舵,引航员回答“OK”。

船长急忙走出海图室,见引航员正在用对讲机与引航艇对话。船长告诉引航员“现在是左满舵”,引航员也很随意地回答一声“OK”。船长紧接着追问为什么用左满舵,此时船首已开始向左急转。与此同时,引航员也发现船首向左侧不远处的红色灯标“R14”急转,即令右满舵。在右满舵的作用下,虽然船首被稳住,但却过于靠近“R14”灯标。当船尾驶过该灯标不远时,听到“咣当”一声,船身震动摇摆了一下,船长急令停车。0455 时船舶搁浅在航道左侧外缘。

在此案中,引航员专注于联系引航艇(Pilot Boat)准备下船,无暇顾及船位以及船长的询问。同时,正是由于引航员的专注,将船方询问的 Hard Port 误听成向他询问是否在联系 Pilot Boat,没有及时发现航行危险的逼近。

(二)注意的稳定性

注意的稳定性指注意长时间地保持在某种事物或某种活动上,这是注意在时间上的特征。

注意的稳定性并不意味着它总是指向同一对象,而是说行动所接触的对象和行动本身可以变化,但是活动的总方向始终不变。例如,在瞭望的过程中,瞭望人员的注意对象要随着视觉瞭望、听觉瞭望和雷达瞭望等不同瞭望活动而不断变化。但是他们的这些活动都是服从于保持正规瞭望这一项总任务的,因而他们的注意是稳定的注意,也只有这样,瞭望人员的注意才能长时间地稳定在某一对象上。

在瞭望中明确瞭望工作的总任务是什么,布置每一项具体瞭望措施的局部任务,并且积极地尝试和实现,是保持注意稳定的最重要条件之一。另外,要保持稳定的注意,应该使所进行的瞭望活动多样化,否则长时间地进行单调的瞭望活动是困难的。如果使不同的瞭望形式交替地进行,就可以保持稳定的注意。有计划地组织瞭望活动对于保持稳定的注意也是很重要的。注意的稳定性还与瞭望人员的主体状态有关。例如,在失眠、疲劳或生病、缺乏理解、不感兴趣的时候,注意就不易稳定;在身体健康、精力充沛、对注意的对象感兴趣而且采取积极态度的时候,就容易保持稳定的注意。

(三)注意的紧张性

注意的紧张性是心理活动对某些事物的高度的集中,而同时离开其余的一切事物。这一点很明显地表现出注意的一般特征:区别出所反映的现象,而离开其余对象。在紧张注意的情况下,一个人会沉浸于他所注意的对象,而注意不到周围所发生的事物。要达到高度紧张的注意,必须有能够在最大限度内引起注意的条件。例如,在背景上突出对象,对注意的对象产生兴趣,注意的对象对当前完成的任务有重要的意义等。注意越紧张,注意的范围就越小。长时间的、高度紧张的注意会引起疲劳,这时注意便趋向分散,注意的紧张性趋于降低。

在实际工作中,控制注意的紧张度具有重大的意义。人在需要的时候,必须把注意高度专注于当前的任务,克服各种无关刺激物的干扰,从而提高瞭望的效率。例如,船舶在通过危险水域或者在多船同时会遇的复杂局面中避碰时,都需要提高注意的紧张度。但是有时也要求降低注意的紧张度,避免疲劳。人在瞭望实践中,善于调节注意的紧张性是很重要的。

四、注意的优势兴奋法则

(一)注意的单通道性质

从输入信息到加工信息,直至对信息的提取和输出,注意始终伴随着人类的认知过程,它犹如一种背景,对信息起着选择和分配的作用。离开了注意,感觉、知觉、记忆、思维等心理过程就无法进行下去。

人的大脑不仅能接收、处理来自于各方面的刺激信息,更可以排除那些被认为无用或不想接收的刺激信息。如果两种以上的刺激同时进入我们的大脑以获取注意,大脑会优先处理那一种更具感官冲击力的信息。这就是人类感觉信息的多渠道和注意的单通道性质。这是因为,尽管人有多种感觉器官并可以同时通过这些渠道感知外部信息,但人的注意容量非常有限,一次只能处理一类信息。这是导致经验不足的航行人员注意分配和注意转移困难的原因。

(二)注意的优势兴奋法则

当一个人进行某项活动时,会引起大脑皮层相关工作区神经元的兴奋,这个工作区就在整个大脑皮层的活动中占了优势,形成了优势兴奋灶。优势兴奋灶是随着生物的适应性和生活的目的性而形成和转化的,它能将大脑皮层其他工作区神经元的兴奋吸引过来,加强正在工作的神经元的兴奋程度，同时使其他工作区的神经元呈现抑制状态。从人的外部表现来看，就是一个人在专心从事某工作时对其他事情不再注意和感兴趣了。这样一来，处于优势兴奋状态的工作区神经元，其反应能力就处于最佳状态，条件反射最容易形成，因而工作效率最高。这就是大脑皮层的优势兴奋法则。

经典案例分析

L船与R船碰撞案

1963年10月1日晚间，法国Le Havre港外，强西风，阵雨，能见度尚好。此时，L船（"MV Lucile Bloomfield"船）正在离开Le Havre港，并全速驶往引航船，准备送下引航员。引航船派出的引航小艇驶往L船下风侧。L船减速，小艇在3 min后到达L船的下风侧。在这段时间内，L船船长的注意力完全放在了安排引航员下船和安全驶离。L船船长同驾驶台上的其他值班人员均没有注意到在左首方位上正在逼近的来船R船（"MV Ronda"船）。

引航员乘坐引航小艇离开后，L船船长抬头观察海面，才发现R船正从本船的左首穿向右舷。与此同时，R船正忙于迎接引航小艇上的引航员。当引航小艇靠近R船时，R船驾驶台上的所有人员都在关注着引航小艇和引航员，没有人注意到驶近的L船。当突然注意到L船时，两船相距已经不足一倍船长。两船最终相撞，R船沉没。

R船和L船在接送引航员，驾驶台上的值班人员均关注于引航员登离船的安全，形成了一个优势兴奋灶，抑制了对海面上其他情况的注意，未能及早地注意到驶近的来船。

一个人如果一心二用，其大脑皮层相关的几个工作区的兴奋灶相互干扰，形成"双任务干扰"，结果造成每个工作区都不能形成优势兴奋灶，两件事情都无法做好。

反过来看，当大脑皮层出现一个优势兴奋灶时，会诱使周围区域转入抑制状态，这种诱导称为"负诱导"现象。例如，当一个人在驾驶台专注于修理雷达时，对外界的事物会听而不闻、视而不见，这就是注意过程形成的优势兴奋灶所引起的"负诱导"现象，抑制了与维修无关的瞭望活动。

注意过度集中于正在从事的工作或感兴趣的某件事，即注意的紧张程度过高，致使注意的转移比较困难和缓慢，甚至意识不到周围的情况，这种状态称为"意识迂回"。当出现"意识迂回"时，船员就有可能觉察不到周围出现的危险，从而引起事故。

经典案例分析

LH船碰撞案

1989年5月30日，LH船第52航次离黄埔港驶往西欧。6月25日晚，LH船航行至直布罗陀海峡北侧通航分道，能见度较差。2023时，船长上驾驶台。2030时，三副使用雷达测得船位为Tarifa灯台283°-6.1 n mile。船长使用另一台避碰雷达发现在正前方3 n mile处有一个物标的回波，其矢量变化较乱。为此，船长在2031时，下令右舵15°，改驶航向260°，但仍让不开；后改驶270°至295°，该回波仍在船首正前方，还是让不开(此回波实为假回波)。

船长询问三副，他观测的雷达上有没有这个回波，三副说没有，但船长仍不放心，继续避让。2048时，三副测得船位向右偏航至离Tarifa灯台仅1.4 n mile，船舶已经向右驶出了通航分道，进入了沿岸通航带。得知船舶向右偏航后，船长改用左舵15°向左旋回，驶进通航分道继续避让回波，但回波仍然在船首前方，无法甩掉。

2055时，船长令减速至前进一，随后又用左满舵向左旋回避让回波，满舵旋回中雷达图像不清。2100时，当船首转到340°时，在响声和震动中船长感到其LH船与先前没有发现的一艘船(追越中的印度货船"Vishua Madhuri"船)发生了碰撞，约10 s后又发生了第二次碰撞。

显然，LH船船长发生了意识迂回，完全沉浸在避让假回波的行动之中，没有意识到对船位的控制(幸亏三副提醒才没有过分右转发生搁浅)，更没有意识到从后方追越上来的印度货船。

通常大脑皮层占优势的兴奋灶在航行值班中起主导作用，这个兴奋灶越强烈就越易扩散与集中，就越易出现负诱导。比如，遇到紧急危险情况的刺激时，在大脑皮层会引起一个不利于思考的优势兴奋灶，会抑制过去掌握的知识，发生暂时的遗忘，而且主观上越烦躁焦急，越会加强原来那个兴奋灶，形成恶性循环，原来很清楚的应急程序也忘了。越是责任重大的人，就越容易出现这种现象。

五、不注意的原因

"不注意"的含义一般指精神松懈、粗心大意、心不在焉、马马虎虎等现象。但此处的"不注意"并非指人在进行心理活动时什么也不注意，而是说人的心理活动没有指向并集中于当前应该注意的对象，而指向并集中于当前不应该注意的对象上去了。

很多海事事故就是因为航行值班人员不注意引起的。但是，若把事故的原因仅仅归结为"这是由于不注意的结果"，而不去分析"不注意"的真正原因，这对事故的预防是无助的。

"不注意"的主要原因有以下几个方面：

(一)意识水平下降

最常见的原因如作业场所的不良物理环境(如高温、船舶摇晃等)对人心理产生不良影响，引起人体不舒服感和生理机能下降，产生精神疲劳和烦躁情绪，从而难以对周围海面保持注意。

(二)意识混乱

在海上引起意识混乱的最常见原因是能见度不良或夜间瞭望信息不充分，不能给航行值班人员一个简单、明确、清晰的感知，增加了思维的难度，从而引起判断错误及意识混乱。

(三)经验不足，不熟悉应注意的内容

这主要是因为没有瞭望经验的航行值班人员不知道应当将注意力分配到何处。

六、不注意的预防措施

（一）做好注意的分配

在同时进行两种以上活动的时候，把注意指向不同的对象，叫作注意的分配。在海上航行值班活动中，常要求航行值班人员的注意能够很好地在瞭望与定位等其他驾驶台值班工作之间进行合理的分配。

注意分配的重要条件之一，就是在同时进行的两种以上活动中只有一种是不熟悉的，需要专心观察或思考，成为注意的中心，而其余的动作都已达到了相对“自动化”的程度，在进行时无须紧张地注意。因此越是熟练地掌握了各种瞭望行为，进行注意分配也就越容易。

为了能够很好地分配注意，必须在同时进行的几种活动之间建立一定的联系。这需要通过练习使复杂的活动形成一定的有联系的系统，使其建立牢固的动力定型并达到“自动化”的程度，在需要的时候就很容易把整个活动系统实现出来。例如，无论在定位、观测雷达或从事接送引航员等其他值班任务时，值班驾驶员应当每隔一定时间（例如 1～2 min）用视觉观察海面，并使之成为习惯性的做法。这样就会避免过分注意其他值班职责而疏忽最基本的视觉瞭望，使注意得以适当和及时的分配。

（二）做好注意的转移

注意的转移是根据新的任务，主动地把注意从一个对象转移到另一个对象上。例如，能够把注意力从定位上主动而迅速地转移到瞭望上。

注意转移的快慢难易，主要取决于以下因素：

其一，前后两种活动的性质，如果从易到难，则转移较难。

其二，目的性。如果工作要求转移，则注意的转换相对较快，也较容易。

其三，人的态度。例如对后继工作没兴趣，则注意的转移就困难。

其四，训练。经过训练的人，在使注意转移时可以做到当行则行、当止则止。

注意的转移与分配是彼此紧密联系着的。每一次注意转移的时候，注意的分配也必然发生变化。注意一经转移，原来注意中心的对象便移到注意中心以外。而另外的新对象进入注意中心，整个注意范围的图景便发生变化。因此，每当注意中心的对象转换了以后，必然呈现出新的注意分配的情况。

船舶在宽阔的海面上正常航行时，值班驾驶员的工作性质比较单一，且工作负荷比较小，此时通常不存在注意力的不足或者注意力的转移等方面的问题。但在通航密度比较大的特殊水域，例如港内航行时，值班驾驶员的工作性质就变得多样化（频繁定位、避碰、联系港口、接送引航员等），这就需要顾及注意力的分配和转移的问题了。

需要说明的是，注意的特征在每个人身上是有差异的。如有些人注意转移与分配的能力较强，有些人注意转移与分配的能力较差；有些人注意的范围较广，有些人注意的范围较窄；有些人注意力比较稳定，有些人注意力不甚稳定。这些个别差异有时和神经的机能状态有关，例如神经衰弱患者一般注意力不集中，较难持久。但对于普通人，这些差异是在不同的实际生产生活和教育训练中养成的。所以一般来说，注意的表现可以通过实际锻炼或教育训练来改善和提高。因此应该对航行人员进行有关的注意的锻炼，就会提高其瞭望的能力，增加船舶航行的安全性。

思考题

1. 人的个性心理特征包括哪几个方面?
2. 影响安全行为的心理有哪几种?
3. 什么是安全行为科学?
4. 什么是人的行为?
5. 人的安全行为的影响因素有哪些?
6. 什么是注意?
7. 什么是注意的优势兴奋法则?
8. 什么是不注意? 预防措施有哪些?

第五章 安全信息的认知和处理

对于安全信息的正确认知，不仅在于要收集到尽量充分的信息，还在于对收集到的信息进行正确和适当的处理。对同样的信息，采用不同的处理方法会得出不同的结论。特别是在海上，海员收集到的信息往往模糊、离散，需要进行处理才能用于海上安全操作的决策。因此，海上安全信息的认知和处理对于保障海上安全十分重要。

第一节　模式与模式识别

模式识别是现代认知心理学的一个重要的研究领域。人对信息的加工是从模式识别开始的。没有对刺激模式的识别，就没有对信息的储存和进一步的处理。因此，了解模式识别的规律对于深入理解航行值班认知中的信息处理具有重要意义。

一、模式的基本概念

当从当前状态运动到后继状态时的概率超过或然率时，模式就存在了。如果概率远远大于或然率，那么就是强模式；如果概率刚刚大于或然率，那么就是弱模式。

如图 5-1 所示，对于状态 A，存在 B、C 和 D 三种可能。如果出现状态 A 就会滑向状态 C，而不会滑向状态 B 和 D，并且重复几次也是如此。那么就可以说，从状态 A 滑向状态 C 的概率就超过了平均或然率，即在状态 A 与 C 之间就形成了模式。例如，如果一名航行值班人员看到了一船开启了甲板灯就认为该船在锚泊，那么就形成了一种模式。

广义上说，一种模式（Pattern）就是一组刺激或刺激特性，它们按一定关系（如空间、时间）构成一种有结构的整体。例如，夜间来船显示的红白红垂直三盏号灯就组成了表示操纵能力受到限制的一种视觉刺激模式,五声短而急的笛号声表示一种警告的听觉刺激模式。总之,外界作用于我们感官的刺激物不是独立、离散的光点和声响,而是由各种刺激元素集合在一起组成的一种结构,即一种有结构的整体。从狭义上看,模式仅指视觉刺激物的整体结构。

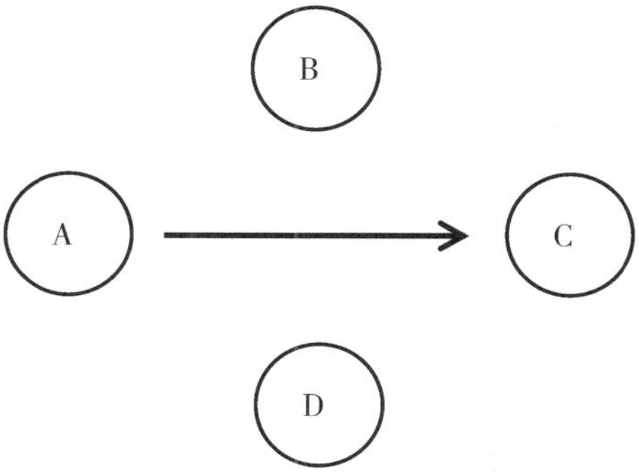

图 5-1 模式的含义

二、模式识别

模式传递着外部世界的信息。当一种模式作用于人的感觉器官时,便在人脑中引起了一系列复杂的活动。人能够觉察到(Detect)模式的存在,把一种模式与另一种模式加以分辨(Discriminate),并进而确认(Identify)它是什么或代表什么,这个过程就是对模式的识别。因此,模式的识别也可定义为对模式的觉察、分辨和确认的过程。这是人们运用记忆中已经储存的信息,对当前出现的刺激模式做出有效解释的过程。

知觉与识别的概念也是紧密联系在一起的。人们对熟悉事物的重新知觉,称为识别或再认(Recognition)。在这个意义上,对一个熟悉模式的知觉就是模式识别。它要求人们将输入的刺激模式与头脑中的已有模式进行匹配,并运用已有的知识经验对输入的感觉信息做出解释。在知觉一个完全陌生的事物时,人们不能在记忆中找到现成的模式,但同样要用已有的知识经验对输入的信息做出解释。因此,知觉新的模式也需要有记忆的成分参加。从这一点上看,知觉与识别没有严格的界限。

三、模式的使用

人的大脑只能够识别其自己创造的模式。有了模式,大脑就能够与周围环境进行高效率的交流。模式一旦形成,人脑的选择机制就会对模式进行分类并且保存下来。选择机制只能对模式进行选择,却不能形成或修改模式。

一种模式一旦形成,那么大脑就不必再对杂乱的信息进行分析和整理了。我们所需要的就只是引发这一模式的足够信息而已。然后人脑便自动地跟着这个模式走下去,这样人就能够与周围环境进行高效率的交流,如图 5-2 所示。至此,思维的目的就变成了搜寻熟悉的模式,然后我们就可以停止思考而沿着搜寻到的模式全速前进。因此,在我们的脑海中保留的全部模式将会决定我们的识别、我们的抽象能力、我们的分类、我们的分析以及我们所有的思维方式。

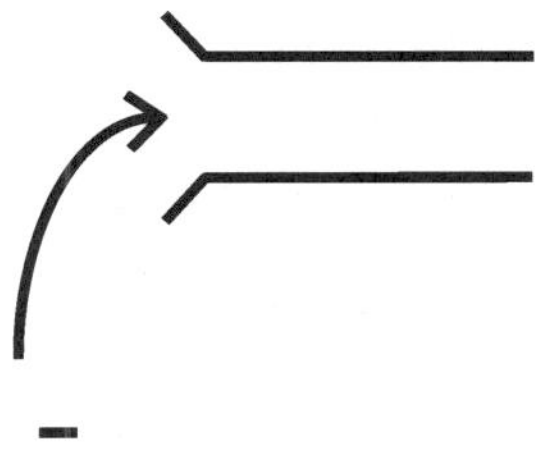

图 5-2 模式的使用

然而在熟悉的情境发生变化的情况下,仍然使用惯用的模式就有可能发生失误。这是因为,人在对目标情境的变化进行探查诊断和决策过程中,往往受到与其相似情境的处理方法的影响,即用曾经奏效的老办法和不恰当的规程,即老的模式,去解决“相似”的新问题,从而导致失败。

大脑的这一模式系统还有另外一个重要的特征:除非还有其他能与其竞争的模式,不然任何与已建立的模式有类似之处的东西都会被当作那个模式来处理。这与峡谷当中的河道不无相似之处,除非还有一条可与之相抗衡的峡谷,否则即使从很远的地方流过来的水也都将汇集在这条峡谷的中心地带,我们可以称之为"模式的向中性"现象,如图 5-3 所示。

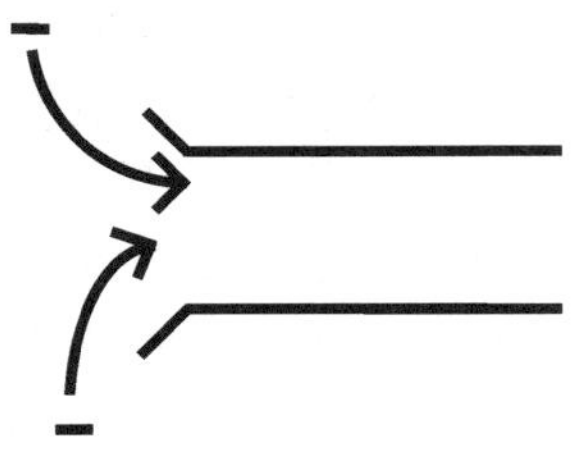

图 5-3　模式的向中性

在识别模式时,不必等一种模式的所有特征显现出来才将其识别出来,只要一种模式的主要部分显示出来,人的大脑就会将其识别出来,并会自动地将其缺失的部分补上。越是强的模式就越会如此,如图 5-4 所示,图中的左图不是一个圆形,但我们会将其识别成一个最可能的常见图形(圆形)并将其缺失的部分补上。

人脑总是这样用补缺思维将无序的信息解释成有意义的信息。例如,在风景区将某些山石看成人像或一个字等。这有助于人脑对外界世界的认知,但同时也成为认知思维错误的隐患。例如,如果图 5-4 中的图形的本形是一个圆形,那么补缺思维就加速了对该图形的认知;反过来,如果图 5-4 中的图形的本形不是一个圆形,而是如图 5-5 中的图形,那么补缺思维就误导了对该图形的正确认知,产生了错误。

图 5-4　大脑的补缺思维

图 5-5　本形

四、模式与经验

人的经历越多,在大脑中形成的模式就越多,经验就越多。在实践中,不同的外界刺激信息会启动不同的模式。例如,在下棋时,对固定的棋局早已形成了固定的应对方法,成为"定式",即模式。在发现一种固定的棋局时,启用其相应的"定式"即可,不必再仔细推算该"定式"的内在过程,这样就提高了应对的效率。棋艺水平高的人,掌握的"定式"就越多,即大脑中棋局的模式就越多,经验就越丰富。

在认知的过程中,当对某一事物的经历还不够丰富时,人脑中形成的模式还不够充足和精细,因而就不能面对外界信息启用针对性的模式。此时,人就可能借用近似的模式。该借用的模式可能是对外界刺激的正确认知,也可能是错误的认知。

如果认知的信息无法套用大脑中的已有模式,就会对该信息迷惑不解,需要对其进一步思考和判断。这样就要花费较多的时间,认知效率就会降低。例如,在 LH 轮碰撞案中,该船长大脑中没有有关"假回波"的模式,因而对出现的假回波的现象迷惑不解,认知效率低下,消耗了大量的注意资源。

在模式识别系统中会不时地使用错误的模式,这是很难避免的。我们所拥有的模式越少,就会越经常地使用错误的模式,这也是必然的结果。经验就是在实践中形成的模式,经验越多,模式越多,模式就越精细,就越有针对性,就越不会出错。

经典案例分析

"MV Sand Heron"船碰撞案

2001 年 7 月 30 日，在多佛尔海峡分道通航制的东北通航分道内，货船"MV Sand Heron"船沿通航分道向东北方向行驶，渔船"Celtit"船向南斜穿分道行驶，两船构成交叉相遇局面，渔船为让路船，但渔船拒不让路。货船二副一直观察渔船，知道其一直不让路，但相信一个经验：渔船通常开始不让路，只在最后一分钟让路，故一直等待。但最终渔船也没有让路，两船相撞。

在该次碰撞事故中，假如货船还有"有些渔船在最后一分钟也不让路"的经验模式，那么它就可能及早地独自采取避碰行动，不至于发生碰撞。可见，经验模式须精细和充足，否则就可能出现不适当地套用近似模式的情况，最终导致认知错误的发生。

第二节　模式的认知规则

大脑在使用模式的过程中存在两种认知规则，即"经济认知"规则和"赋意后行为"规则。

一、"经济认知"规则

"经济认知"规则又称"最小出力(Principle of Least Effort)"规则。该规则认为，人在认知过程中有优先使用模式的倾向，人的大脑一旦认出一个模式之后就会认为完成了对当时情况的认知，不再想花费精力，也不知道还需要花费精力，去进一步收集和处理更精细的信息来进行核对。

经典案例分析

M 船与 H 船碰撞案

1981 年 4 月 18 日，M 船驶离香港，拟经巴布延海峡空放东澳装小麦。4 月 19 日 2350 时二副上驾驶台接班，当时该船航向 105°，航速 13 kn。交班三副和驾助告诉二副右前方约 45°发现白灯。当时二副用望远镜观察也发现了桅灯，但未引起重视。二副接班后用 5~6 min 的时间在海图室看了船位、转向点的距离及夜航命令，约 0010 时二副又用望远镜观察到了该船前后桅灯及红灯，但前桅灯较弱。这时二副认为距离较远，尚不到避让时候，并判断为同路斜交进海峡的船。0023 时二副测该船方位为 143°，前后桅灯及红灯已较明显，就令一水换手操舵。0028 时又测得该船位 141°，发现来船方位变化不大并有碰撞危险时，判断来船为横交船，本船是让路船。但因判断来船将右转进入巴布延海峡而与本船同向行驶，因而二副感到本船不必采取让路行动。

0030 时二副发现来船已逼近，出于对来船没有右转进入巴布延海峡而仍保向保速的质疑，他先后两次发出五短汽笛声及急闪灯光警告来船。此时，二副认为右让已来不及，就命左舵 10°及左满舵，但因避让太迟且采取措施不当，于 0035 时发生碰撞，来船 H 船沉没，5 人失踪。实际上，来船并非要右转进入巴布延海峡，而是要直航通过该海区。

在上述案例中，M 船值班二副认为"H 船也将转向进入巴布延海峡"之后就以为正确地判断了局面，不再费力进一步核查局面的其他可能性。

人脑在识别模式时，只要一个模式的主要部分显示出来，人的大脑就会将其识别出来，并会自动地将其缺失的部分补上。越是强的模式就越会如此。这样通常会提高认知的效率，但同时也为认知错误埋下了隐患。上述碰撞事故就是这样一种情况，其中一个模式太强，根本就看不到另一个正确的答案，如图 5-6 所示。这时人的思维完全被较强的模式俘获了。值班驾驶员受到了"来船 H 船也欲转入海峡"这一思维模式的牵引，完全看不到"来船直航"也是一种可能性，从而以为自己判明了局面，不再对局面进行核实。

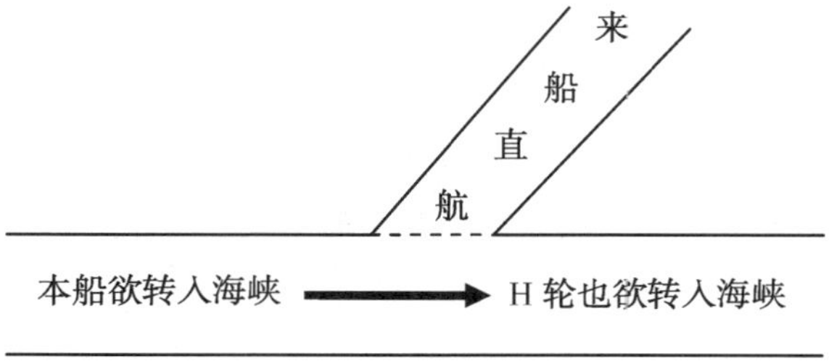

图 5-6　M 轮与 H 轮碰撞案

由上可以看出，有时我们的最大问题是，我们不知道自己处于错误中，因而不能发现和改正自己的错误。

二、"赋意后行为"规则

某船在波罗的海芬兰湾中航行时辅机停转断电。辅机恢复供电后继续航行，航向 076°。但此时电罗经还未恢复指北，船舶依据电罗经错误的指示，实际向北航行进入了岛礁区。但值班驾驶员未意识到罗经还未恢复指北，仍以为船舶沿正确的航向在宽阔的水域航行。在雷达上发现岛礁回波后，考虑到船舶处于宽阔水域中，便将这些回波解释成浮冰的回波，继续航行，随后触礁。

以上述事故为例，在认知过程中，人往往会不遗余力地企图弄懂含糊不清的信息的意义（船舶在何处航行），因为人的大脑厌恶信息的混乱。一旦对于数据意义加以领会或部分地符合了头脑中的判断后，就以为找到了符合当时情况的模式（依据海图图示、原船位和航向，确认"在宽阔海面航行"），以为解决了面临的问题。这时在此观点的支持下，描绘一幅符合该观点的图像（船舶在宽阔海面航行），并排斥任何与该景象不符的观点（即否认岛礁的存在，而将其回波解释成浮冰的回波），即抗拒和否认其他的模式并坚持按照这种判断采取决策行为。

在未出现极其具有说服力的证据之前，人本身很难从这种认知观点中摆脱出来，即所谓的"钻牛角尖"。这种现象就是"赋意后行为"（Effort after Meaning），又称为"确认偏见"（Confirmation Bias）或"认知偏见"（Cognition Bias），有时也称"思维隧道效应"。

在出现"赋意后行为"的认知失误中，存在相互矛盾的信息，如"宽阔海面"与"物标（岛礁）回波"。而"赋意后行为"的认知倾向则将随后发现的矛盾信息（岛礁回波）设法扭曲解释成与错误认知的局面（宽阔的海面）不相矛盾的信息（浮冰回波），从而"解决"了矛盾（浮冰与宽阔海面不矛盾),使自己归于“安心”(自以为搞清了局面)。这种解决矛盾的方法实际上是在掩盖矛盾。

再如,某船计划在较宽阔的沿海水域航行,但因偏离航向而驶入了岛礁区,而值班驾驶员并没有发现。他在雷达上发现了一些回波,确定为静止的物标。但考虑到船舶在宽阔的水域中航行,故将这些固定的物标推定为锚泊船。他遂决定在锚泊船之间继续航行。船长上驾驶台后发现了险情,及时避免了触礁事故的发生。

由上可见,模式系统的一个重要特征是,任何与已建立的模式有类似之处的东西都会被当作个模式来处理,同时排斥任何与该模式冲突的信息并设法将这些冲突信息解释成符合已确认模式的信息。因此,在思维中满足于一个看似合理的解决方法是寻找正确或更好方法的最大障碍。

正是由于思维错误的上述特点,“当事人”很难发现自己的错误,“旁观者”往往会感到“当事人”太愚蠢,其错误太荒唐和不可思议。

经典案例分析

NH 船触礁全损案

NH 船于 1996 年 10 月 19 日在温哥华港装载油菜籽 17 850 t 后离港驶往日本鹿岛港。1996 年 11 月 2 日 0445 时由于航线设计错误和瞭望疏忽,在千岛群岛北部的 Ostov Ketoy 岛触礁搁浅,船体断裂,船货全损。

1996 年 11 月 2 日凌晨,二副接班时视线良好,视程约 10 n mile。据二副称雷达开在 24 n mile 挡状态。0335 左右发现左前方约 45°舷角处有一艘渔船,用雷达 12 n mile 挡测为 8 n mile,无其他回波。大副 0350 时上驾驶台接班。他先在海图室过目一下航向和船位,接着到驾驶台看天气和海况,为阴天,西南风 6 级左右,能见度良好。雷达放在 24 n mile 挡,大副观测到荧光屏左前及 4 艘渔船前有云块回波,从左前约 5°到右前约 30°又有一块比较大的云块回波,右后有不明显形状低云块回波。大副此时双眼能够保持夜视,让二副休息,使用空白海图航行。

约 0430 时,值班水手在驾驶台右侧靠近门旁的舷窗前看到左前方有像山一样的影子,就自言自语地说:“前面好像是山吧?”大副听到后说:“空白图怎么有山呢?”值班水手这时看到大副在用雷达观测。大副认为,雷达上显示的云块回波接近较快,认为雨雪即将来临,决定穿过云区。

0445 时,大副感到船如受到浪击似的抖动几下,便叫值班水手换手操舵,操左满舵。值班水手从驾驶台右边过来,改手操舵并操左满舵。见船头不动,水手说:“无舵效。”大副又令:“左满舵。”水手回答:“我已讲过没有舵效。”值班水手又对大副说:“大副,是山。”大副还是回答:“空白图怎么会有山呢?”

睡梦中船长感到船有抖动,便起床到房间前边舷窗向外看,看不出什么东西,黑糊糊的,便认为主机有毛病,是主机转速到临界转速时的抖动。后来大副来电话讲:“船钻云了。”船长说:“船钻云不会有抖动吧?”

约 0452 时船长上驾驶台问:“什么事情?”大副和水手都说了:“舵不来。”船长问:“什么舵?”大副说:“左满舵。”此时值班水手说:“好像有山。”船长说:“走空白图怎么会有山?”船长、大副和水手到驾驶台右边往门外一看,船舷边有浪花,再向远一点看,岛子下边影子模糊可见,再仔细一看是山。船长将雷达 24 n mile 挡换成 3 n mile 挡,看到荧光屏一片白;到海图室将 GPS 船位标到洋流图上,知道已经搁浅了,便于 0455 时命令停车。搁浅地点旁的小岛为 Ostov Ketoy。在风浪中,NH 船断为两段,船货全损。

在上述案例中,空白海图使值班大副和船长建立了一幅“船舶航行在宽阔海面”的景象,任何与该景象冲突的情况均被否认、排斥和扭曲,并被解释成与该景象不矛盾的景象,否认值班水手“看到山”的提示,将海岛的雷达回波解释成底层云的回波。这是一种典型的赋意后行为。值班水手未注意海图,所以未受其影响,因而真实地报告了所看到的海面情况。

经典案例分析

“MV Royal Majesty”船搁浅案

“MV Royal Majesty”船于 1995 年 6 月 9 日离开百慕大的 St. George 驶往波士顿。船上装有综合驾驶台系统,有航行和指挥系统(NACOS)25 型自动舵并将其设定在航行(NAV)模式。10 日 1845 时,值班大副在雷达上看到左艏舷 7 n mile 处有一个回波,便认为是 BA 浮标(这是在波士顿通航分道向北航行时遇到的第一个浮标,第二个是 BB 浮标)。1920 时,值班大副发现该回波从左舷 1.5 n mile 经过,他因眩光没有以视力确认,但相信这就是应当看到的 BA 浮标。2030 时,在二副值班期间,一个瞭望水手在船舶的左艏舷看到了一个黄灯并报告了二副。此时,NACOS 25 显示,船舶正航行在 BA 和 BB 两个浮标之间。

之后不久,左右两舷的瞭望水手都报告他们在船舶的左舷看到了几盏较高的红灯。二副确认“知道了”但没有采取任何行动。船长询问二副是否看到了 BB 浮标,二副回答说看到了。船长感到,BA 和 BB 浮标都看到了就感觉放心了。实际上,二副没有看到 BB 浮标,他只是怀疑该浮标应当已经过去了,可能是雷达没有探测到,而且他觉得,船舶走在计划航线上,所以就说看到了。其后不久,一名瞭望水手发现在船的正前方有一片绿色和白色的水域并告知了二副,但二副没有采取任何行动。船舶穿越了该片水域。约 2220 时,船舶意外地向左偏转,之后又急剧地向右偏转并向左倾斜。随后船长采取其他措施但无效。2225 时发现船舶搁浅。船长对比了 GPS 船位和罗兰 C 船位,第一次发现两者相差 15 n mile,GPS 船位有误。搁浅位置在 Rose and Crown 浅滩以南 1 n mile 处。

由于 GPS 定位系统发生故障,将正常 GPS 定位系统转换成了 DR 推算模式,但无人发现,也没有与罗兰 C 定位系统比较。因此,从离开百慕大的 St. George 到搁浅共 34 h 的时间里,值班驾驶员没有发现船舶偏航,实际偏离原航线 17 n mile。在航行过程中,两名值班驾驶员大副和二副看到了不应当看到的红灯以及绿色和白色水域,而没有看到应当看到的 BB 浮标,但值班驾驶员以种种理由将这些不正常的情况加以解释,使之符合正常的情境,表现出了赋意后行为的思维倾向。

第三节　信号探测论与模糊信息的处理

信号探测论(Signal Detection Theory)是信息论的一个分支,研究对象是信息传输系统中信号的识别和接收。由于人的感官、中枢分析综合过程可看作一个信息处理系统,因此有可能应用信号检测论中的一些概念和方法对它进行分析。通常,把刺激变量看作是信号,把刺激中的随机物理变化或感知处理信息中的随机变化看作噪声。这样,人作为一个接收者对刺激的辨别问题便可等效于一个在噪声中检测信号的问题。信号检测论是人们在同噪声干扰进行斗争中总结出的方法,实质上是有意识地利用信号和噪声的统计特性来尽可能地抑制噪声,用于解决在有背景噪声的情况下正确提取信号并做出正确的反应。

在完全没有噪声干扰的情况下,对信息的认知和判断是容易的。但在海上航行中,收集到的海上信息往往是模糊不清的,即存在一定的背景噪声,需要进一步处理才能用于安全决策。在此情况下,信号探测理论对于正确处理海上信息具有一定的指导意义。

一、信号检测中的反应模式

心理学上的信号检测实验一般是在信号和背景不易分清的条件下进行的。对信号检测起干扰作用的背景叫噪声(Noise)。在一般的心理物理的辨别实验中,设置两种刺激,将其中一种刺激作为噪声,另一种作为目标信号。例如,在雷达观测中,来船的真实回波就是信号,其他干扰性的回波就是噪声,如海浪和雨雪干扰回波等。

在信号检测实验中,设定既有信号又有噪声(SN)和只有噪声(N)两种情况;不设置只有信号没有噪声的情况。观测者对有无信号出现的判定,可以有四种结果:

1. 击中(H:Hit)

当既有信号又有噪声(SN)出现时,观测者正确地报告"有信号",这称为"击中";

2. 虚惊(FA:False Alarm)

当无信号而只有噪声(N)出现时,观测者错误地报告"有信号",这称为"虚惊(或误报)";

3. 漏报(M:Miss)

当既有信号又有噪声(SN)出现时,观测者错误地报告"无信号",这称为"漏报(或失察)";

4. 正确拒斥(CR:Correct Rejection)

当无信号而只有噪声(N)出现时,观测者正确地报告"无信号",这称为"正确拒斥"。

这样,噪声背景下的信号检测实验,在每种刺激状态下都存在两种反应可能,其组合就构成一个"两择一"判断矩阵,其中"击中(H)"和"正确拒斥(CR)"是正确反应,"漏报(M)"和"虚惊(FA)"是错误反应。上述四种情况所构成的矩阵如表 5-1 所示。

表 5-1 四种情况

反应 刺激	有信号	无信号
有信号	击中 H	漏报 M
无信号	虚惊 FA	正确拒斥 CR

二、感觉辨别力对正确反应的影响

理想的信号检测就是既不漏报信号以免造成危害,也不虚报信号以免造成应对虚假信号的浪费。提高信号检测能力就意味着要提高信号检测的正确率,使信号检测的结果更加可靠,减少盲目性。

提高信号检测能力和正确率实际上就是提高海员的感觉分辨力。为此,应当采取以下措施:

1. 正确调整雷达显示,抑制干扰回波等噪声信号,突出来船和障碍物等的信号,使噪声背景下的信号一目了然。

2. 在判断海上危险时,要选用较精确的方法,尽量减少海上情况的不确定性,将表示海上危险的信号从众多噪声信息中分离出来。例如,在能见度不良时,船舶应当通过对来船进行雷达标绘以准确地判断有无碰撞危险。如果只是粗略地观察来船回波的运动轨迹,则不易确定是否存在碰撞危险。

3. 对驾驶台瞭望值班人员进行培训,提高其发现危险信号的敏锐性。

此外,为便于其他船舶发现本船的存在以及了解本船的操纵行为,每一船只应当遵章发出或显示规定的灯光、声响或形体等信号。

三、影响反应偏向的因素

观测者是否报告"存在信号"取决于两个条件:一是信号出现的概率;二是报告正确与否会得到的奖惩程度。

(一)信号出现的概率

当信号出现的概率低时,观测者不轻易回答说有信号,这表明观测者的判断标准高。当信号出现的概率高时,观测者倾向于多说有信号,表明被试的判断标准低。换句话说,即当信号不经常出现时,被试获得很强的感觉才说有信号;而当信号频频发生时,被试获得轻微的感觉就说有信号了。这个判断标准的变化是由于观测者对信号出现的不同预期引起的,与信号本身无关。

(二)对判断正确与否的奖惩

人们对信号的觉察也在内心设有标准,当感觉达到某种程度或超过那种程度就说感觉是信号引起的,否则,就说是由噪声引起的。观察者内心的这个标准受判断结果的影响。如果漏报一个信号会造成严重后果,而虚报一个信号也不会造成太多损失,那么观测者判断信号的标准会较宽,在信号不清晰时会倾向于报告有一个信号,采取宁虚报也不漏报的态度;反过来看,如果虚报信号会造成太多损失而漏报信号的损失较小,则观测者判断信号的标准将较严格,不轻易报告一个信号,会采取宁漏报也不虚报的态度。可见,判断信号正确与否的后果直接影响着观测者内心对判断标准的设定。

上述报告信号出现的不同态度就是信号探测论中的反应偏向，观察者内心设定的报告信号出现的标准就是报告标准（Report Criterion），它是表示反应偏向的一个指标。报告标准又称判断标准（Judgment Criterion），它受观察者的动机、态度、利害得失等心理因素影响。报告标准设定较高，不轻易报告目标信号的出现，漏报率较高；报告标准设定较低，漏报率较低，但虚惊率会上升。

四、海上信息处理中的“疑险从有”原则

（一）“疑险从有”原则

观察者对报告标准的选定，依赖于漏报和虚报信号要付出多少代价。在海上，漏报一个危险信号，就意味着没有发现正在逼近的海上危险。因此，“漏报”的可能后果就是海上事故的发生，可能造成人命、财产的重大损失以及海洋环境的污染，其代价十分巨大。而虚报一个信号，即误将噪声当成危险信号，会使驾驶人员花费时间和精力对其进行核查和处理。而核查和处理瞭望信息正是瞭望人员的本职工作，正常情况下不会增加船舶的负担，只是在待处理信息的流量过大时可能需要增加瞭望人员或降低船速以减少待处理信息的数量。

总之，虚报信息的代价是轻微的，与漏报信号的代价相比微不足道。因此，对于无法明确判明的信息，将其视为危险信号更有利于保障船舶的安全，即对船舶安全而言，在选定报告标准时，尽量不遗漏危险信号，不在意噪声信息的虚报，或者说，宁可虚报也不漏报。这正是所谓的“to err on the safe side（要错就错在安全一边）”。信号检测论中报告标准的上述设定，构成了处理瞭望信息的基本原则，即“疑险从有”原则。

（二）“疑险从有”原则的应用

“疑险从有”原则实际上已被相关法规所采纳并上升到法律规范。例如《1972 年国际海上避碰规则》第 7 条 1 款规定，在对是否存在碰撞危险有怀疑时，应当假定存在碰撞危险；第 13 条 3 款规定，一船对其是否正在追越前船有怀疑时应当认为是在追越中；第 14 条 3 款规定，一船对是否与另一船构成对遇局面存在怀疑时，应当认为构成了对遇局面；第 12 条 1 款 3 项规定，一艘在下风的左舷受风帆船不能判断上风帆船哪舷受风，则应当认为本船负有让路责任，即假定上风船是右舷受风。

“疑险从有”原则对瞭望信息的处理起到指导作用。例如，当一艘在上风且右舷受风的帆船无法看清其下风处帆船的受风舷时，《避碰规则》第 12 条没有规定该帆船如何避碰。依据“疑险从有”的原则，该船应当假定来船是右舷受风，本船应当采取主动的避碰行动。再如，一船对其后船是否正在追越本船有怀疑时，可以依据“疑险从有”的原则假定后船不是追越船，本船不是作为直航船的被追越船。

五、瞭望效率下降的原因

从信号检测论的观点来看，瞭望效率下降的原因有以下几点：

第一，警戒下降可单纯地由反应标准的提高而引起，表现为瞭望人员报告“某个刺激是否为信号”变得愈来愈慎重。

第二，警戒下降也可单纯地由感觉敏感性的下降而引起。这种下降具体表现为瞭望人员

愈来愈不能把信号从噪声中分辨出来。在此情况下，瞭望人员的击中概率随操作时间而不断下降，而虚惊概率则保持原水平。

第三，警戒下降还可由感觉敏感性和反应指标的双重变化而引起。这种情况一般表现为瞭望人员愈来愈不能把信号从噪声中分辨出来，同时瞭望人员的报告也变得愈来愈慎重。

针对以上情况，从信号检测论的角度来看，提高瞭望效率的方法主要是坚持"疑险从有"的原则并始终保持较高的感觉分辨力。

航海人员的较高责任心仅能说明其保持了较高的瞭望警戒，但并不能保证其具有较高的瞭望技能和技巧。因此，在遵循"疑险从有"原则的同时，要努力提高其感觉辨别力，全面改善处理海上模糊信息的能力和技能。

第四节　避免认知错误的措施

为了防止和避免海上信息处理中的认知错误，提高信息处理的效率并保障其正确性，可考虑遵循以下几个原则：

一、认识和熟悉信息处理中的认知思维错误

认知错误的一个特征是其潜意识性，即在这类错误出现时人们意识不到其存在。如果熟悉了这些认知错误就会及时发现和防止，减少其发生的概率。因此，驾驶人员通过学习和培训来认识信息处理中的认知和思维错误，熟悉其规律和特征，将这些"潜意识"的思维问题"显意识化"。这样就会时刻注意和发现这些错误，避免其发生和发展。

二、设立平行冗余系统

所谓冗余，是把若干元素附加于构成基本系统的元素之上来提高系统可靠性的方法。附加的元素叫作冗余元素。含有冗余元素的系统叫作冗余系统。冗余系统的特征是，只有一个或几个元素发生故障时系统不一定发生故障，即使某一系统失效也能被其他系统弥补或纠正。

具体而言，在海上信息处理中，要使用多种不同的独立方法核对信息，避免使用单一方法在发生错误时无法及时发现。例如，引航员在船引航时，船长和值班驾驶员应当独立地把握船舶的航行情况，在引航员之外再建立一个监控船舶安全航行的系统，这样在引航员出现错误时可以及时地发现并纠正，避免完全依赖引航员时可能发生的事故。

三、坚持"信息不增"原则

当对信息进行多级处理时，每处理一次，就有可能损失一部分信息，也就是说信息处理会把信息变成更有用的形式，但是绝不会创造出新的信息，这就是"信息不增"原理。这个原理表明，对载荷信息的信号所做的任何处理，都不可能使它所负载的信息量增加。一般来说，处理的结果总会损失信息，而且处理的环节和次数越多，这种损失的机会就越大。只有在理想处理的情况下，才不会丢失信息，但是也不能增加信息。

违反了"信息不增"原则就会出现主观臆断。例如，在 M 船与 H 船碰撞案中，M 船二副关

于“来船也会转向进入巴布延海峡”的想法就是自己增加的“臆断”信息。因此，驾驶人员在认知决策时应当时刻询问，自己据以决策的信息是真实有据的信息还是自己增加的信息，依此来排除不真实的信息。

四、遵守“疑险从有”原则

如前所述，在海上，虚报信息的代价是轻微的，与漏报信号的代价相比微不足道。因此，对于在仔细核查后仍不能确认当时局面的情况，要依据“疑险从有”的原则来假定确实存在危险并采取积极主动的避险措施，同时要注意各种可能存在的情况所要求的避险行动之间可能存在的冲突。

五、正确对待矛盾信息

出现矛盾信息时，要仔细核对、判断和确认，绝不能不经进一步查核就认可一方信息而排斥另一方信息。这是因为，相互矛盾的两个信息都有可能是正确的，也都有可能是错误的。不经进一步确认就认可一方信息就会出现判断失误。如在 NH 船触礁全损案中出现了“隐约山形与海图记载不一致”的矛盾信息，值班大副认可了“海图记载”而否认了“隐约山形”的存在，导致认知错误，船舶最终搁浅。

在出现矛盾信息时，航行值班人员应当依据《1972 年国际海上避碰规则》第 8 条 5 款的精神，将船减速或停住，以便留出时间进一步查核和确认信息的正确性和有效性。

六、使用“瞭望信息处理检查单”

在进行瞭望信息处理时，航行值班人员要询问自己：基于决策的信息究竟是实际采集的可靠信息还是自己增加的推测信息，是否存在其他矛盾的信息或其他可能存在的情况。将上述疑虑程序化，使之成为一个牢记在心的检查单。在每次处理瞭望信息时，都要启用该检查单来检验和干预自己的信息处理过程。这样，在该独立检查单的监控下，就会大大减少处理瞭望信息时的思维错误。

思考题

1. 认知心理学中的模式和模式识别是什么？
2. 模式和经验存在什么关系？
3. 什么是认知中的“经济认知”规则？
4. 什么是认知中的“赋意后行为”规则？
5. 什么是信息处理中的“疑险从有”原则？
6. 避免认知错误的措施有哪些？
7. 什么是信息不增原则？违反这一原则有哪些危害？
8. 如何正确对待矛盾信息？

第六章 海上通航系统与分析方法

船舶的海上安全保障,不仅依赖于先进航海技术的应用,还需要对海上风险进行分析、评估和管理,并对已发生的事故进行全面和深入的调查,以期避免同类事故的再次发生。

第一节　海上通航系统

以瑟利、安德森为代表的众多学者提出的系统安全理论认为,任何系统都可归结于由人、机与环境组成的系统,事故是由人的不安全因素、物的不安全状态和不良环境三种因素共同造成的。这就是事故三要素理论。

依据事故三要素理论,海上事故是由海员的不安全因素、船舶的不安全状态和海上不良环境共同促成的。在人—船—环境这个系统中,船员作为船舶的操作者是行为的主体,船舶是船员操作的客体,环境则对人—船操作系统施加各类影响。

一、船员

船员是船舶的操作者和管理者。船员通过船舶操纵系统来控制船舶的浮态和运动状态,在完成海上操作的同时,避免船上的和海上的危险。

为保障船舶海上航行安全,主要从以下几个方面对船员进行管理:

(一)船员的培训和发证制度

《1978年海员培训、发证和值班标准国际公约》(《STCW 公约》)对海员的培训和发证做出了具体规定。所有海员均须通过基本安全训练和保安意识培训等,船长、高级船员和负有值班职责的普通海员必须通过相应的培训并按要求持有相应的适任证书和相关培训合格证书等。

《STCW 公约》明确将证书分为三个层次，即适任证书、培训合格证书和书面证明。适任证书是依据相关条款向船长、高级船员以及 GMDSS 无线电操作员签发或签证的证书；培训合格证书是向海员签发的适任证书以外的，说明符合《STCW 公约》要求的相关培训、能力和海上服务资历的证书；书面证明是适任证书或培训合格证书以外的，用来证明已符合《STCW 公约》的相关要求的文件。

《STCW 公约》规定的上述培训和发证制度，保证了海员的最低适任能力，为船舶的适当配员和适航提供了基本保障。

（二）船舶的安全配员

《SOLAS 公约》第 5 章（航行安全）第 13 条要求各缔约国政府，从海上人命安全角度出发，保证其国内所有船舶配备足够数量和适任的船员。我国《海上交通安全法》第 6 条要求船舶按照标准定额配备足以保证船舶安全的合格船员。海事主管机关依据《最低安全配员规则》为中国籍船舶颁发船舶最低安全配员证书，作为船舶配员的法定标准。

船舶安全配员包括船员的人数要求以及相应职位上的人员的持证要求，使船员能按一定的组织和分工履行职责。

经典案例分析

M18 船配员不足且未按规定值班案件

2010 年 4 月 15 日，海事局执法人员在崇明崇启大桥施工水域对 AQ 公司所经营的 M18 船进行现场检查。该船本航次是从上海开往崇明崇启大桥施工现场，根据该船船舶最低安全配员证书，该船本航次存在配员不足的违法行为，缺少持二等大副证书的船员一名，且该船锚泊期间，轮机部人员全部离船，无人值班，属未按规定值班。

AQ 公司所经营的 M18 船存在配员不足的违法行为，违反了《中华人民共和国海上交通安全法》第 6 条的规定，同时，该船还存在未按规定值班的违法行为，违反了《中华人民共和国海上交通安全法》第 9 条及《中华人民共和国船舶最低安全配员规则》第 21 条 1 款的规定。AQ 公司及 M18 船船长依法应承担相应法律责任。

对于 AQ 公司“配员不足”和“未按规定值班”的违法行为，海事管理机关依据《中华人民共和国海上海事行政处罚规定》的相关规定，对该公司及船长进行了罚款处罚。

（三）对船员的选任

持有适当证书仅说明船员符合了最低的适任要求。船公司在选任船员时还需要依据船舶、航区、操作要求等具体情况选择更为适任的船员。

（四）对船员操作的规范和指导

为了规定和指导船员的安全操作，避免人为失误导致的安全事故，船舶均应配备安全管理手册、安全管理程序文件、安全操作须知与指南等安全管理体系文件。

（五）疲劳、酒精和药物对船员影响的管理

船员的在船适任，除应当通过相应培训和持有适当证书之外，还应当排除对其适任能力的不良影响。这些不良影响主要包括疲劳、不适当地使用酒精和药物等。《2006 年海事劳工公约》、《STCW 公约》等对疲劳、酒精和药物等的管理做出了具体规定。

二、船舶

船舶由船体结构、操纵控制系统、导航通信信息系统、推进动力系统、货物装载系统和安全应急系统等组成。任何一个系统不正常运行都可能导致船舶不安全状态的出现。例如，船体结构不水密以及稳性和浮性的丧失，会导致船舶的翻沉；推进动力系统故障会导致船舶的运动状态和性能失去控制，无法抵御海上风险；安全应急系统的故障会导致无法及时地应对和控制出现的意外情况等。

三、航行环境

航行环境是指船舶航行所处的自然的和人工的背景，大致包括以下几个方面：

1. 风、流、波浪、潮汐、能见度等自然环境条件；
2. 航道宽度、水深、弯曲度、岸线、浅滩的存在等地理环境条件；
3. 浮标设置、导航设施等有关操船水域的设施环境条件；
4. 海上船舶通航密度，包括交通量、船型、大小、速度分布、会遇率等动态条件；
5. 船舶交通管理（VTS）提供的指导和要求等。

在航行环境中，自然环境、地形环境和水域设施环境这三者均会给船舶的运动和操船者的行动带来制约，并把这三种在操船水域的空间上限制了船舶行动自由的环境条件统称为操船环境。此外，把在船与船的会遇中由于与他船的运动关系将对本船的避让操船行动带来制约的交通方面的条件称为交通环境，进而把操船环境、交通环境和信息环境总称为船舶航行环境。

上述事故三要素理论只是说明了船舶航行安全的静态的三个方面。在实务中，还需要使三者有机结合的一个重要方面，即“管理”。对船舶安全航行负日常管理职责的是船舶管理公司，主要是船东、管理人和经营人等。

第二节　航海安全的分析方法

系统安全分析与评价技术是用以完成系统安全分析与评价的各种分析评价方法的总称。在系统安全分析与评价过程中，针对操作系统、工作环境、研究对象等因素的不同，国内外相继提出了几十种具体的系统安全分析与评价技术方法。例如故障树分析（FTA）、事件树分析（ETA）、故障模式与影响分析（FMEA）、管理疏忽与危险树分析（MORT）、预先危险分析（PHA）、故障危险分析（FHA）、系统安全检查表（SCL）、危险指数法等。这些安全分析与评价技术方法对促进安全生产、减少生产事故发挥了重要作用。但是，由于各种系统安全分析评价方法是各行业部门在特定的安全分析评价需要的基础上根据各自的特殊情况研究提出的，不同的分析评价方法有不同的研究思路和侧重点。同时,系统安全状况与技术水平、人员素质、管理水平、社会环境等诸多因素密切相关。因此,每种分析评价方法都有一定的适用范围和局限性。

安全分析技术可分为定性分析和定量分析两种类型。定性分析主要探讨系统危险性的机理,评价危险的程度;定量分析则是在定性分析的基础上给出事故发生概率和损失率等的具体数值。

一、安全评价方法的选择

任何一种安全评价方法都有其适用条件和范围,在安全评价中如果使用了不适用的安全评价方法,不仅浪费工作时间,影响评价工作正常开展,而且可能导致评价结果严重失真,使安全评价失败。因此,在安全评价中,合理选择安全评价方法是十分重要的。具体而言,在进行安全评价时,应在认真分析并熟悉被评价系统的前提下,选择安全评价方法。选择安全评价方法应遵循充分性、适应性、系统性、针对性和合理性的原则。

(一)充分性原则

充分性是指在选择安全评价方法之前,应该充分分析评价的系统,掌握足够多的安全评价方法,并充分了解各种安全评价方法的优缺点、适应条件和范围,同时为安全评价工作准备充分的资料。也就是说,在选择安全评价方法之前,应准备好充分的资料,供选择时参考和使用。

(二)适应性原则

适应性是指选择的安全评价方法应该适应被评价的系统。被评价的系统可能是由多个子系统构成的复杂系统;对于评价的重点,各子系统可能有所不同,各种安全评价方法都有其适用的条件和范围,应该根据系统和子系统、工艺的性质和状态,选择适用的安全评价方法。

(三)系统性原则

系统性是指安全评价方法与被评价的系统所能提供的安全评价初值和边值条件应形成一个和谐的整体,也就是说,安全评价方法获得的可信的安全评价结果,是必须建立在真实、合理和系统的基础数据之上的,被评价的系统应能够提供所需的系统化数据和资料。

(四)针对性原则

针对性是指所选择的安全评价方法应该能够提供所需的结果。由于评价的目的不同,需要安全评价提供的结果可能是对危险有害因素的识别、事故发生的原因、事故发生的概率、事故后果、系统的危险性等,安全评价方法能够给出所要求的结果才能被选用。

(五)合理性原则

在满足安全评价目的、能够提供所需的安全评价结果的前提下,应该选择计算过程最简单、所需基础数据最少和最容易获取的安全评价方法,使安全评价工作量和要获得的评价结果都是合理的,不要使安全评价出现无用的工作和不必要的麻烦。

二、主要的系统安全分析方法

系统安全分析的具体技术方法有多种,下面介绍几种常用的方法:

(一)统计图表分析法

统计图表分析法,就是利用统计图表对事故数据进行整理并进行粗略的原因分析,这也是在安全管理工作中常用的分析方法。下面以某国在1983年至1992年十年间海事事故发生原因为例,使用统计图表分析法进行分析,见表6-1。

表6-1 1983年至1992年海事事故发生原因统计

项目\年份	1983	1984	1985	1986	1987	1988	1989	1990	1991	1992
人员操作过失	52	56	46	32	85	75	155	110	63	120
环境状况	10	2	0	0	6	10	8	2	6	2
船舶状况	4	0	4	2	6	2	2	8	0	2
船舶设备与结构	9	8	3	2	9	5	8	0	4	12
不明原因	12	28	48	40	23	18	20	19	18	5
总计	87	94	101	76	129	110	193	139	91	141

1. 比重图

比重图是一种表示事物构成情况的平面图形。它可以在平面图上形象、直观地反映事物的各种构成所占的比例。利用比重图可方便地对各类海事事故发生原因进行统计分析,见图6-1。

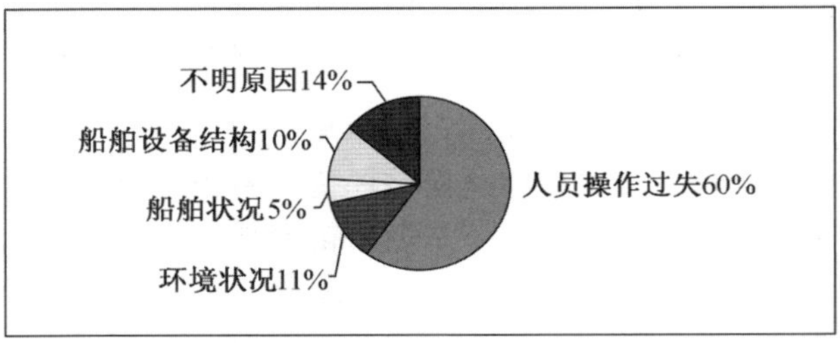

图6-1 某国1983年海事事故原因比重图

2. 趋势图

趋势图是按一定的时间间隔统计数据,利用曲线的连续变化来反映事物动态变化的图形。趋势图借助于连续曲线的升降变化来反映事物的动态变化过程,可以帮助我们掌握交通事故发生规律,预测其未来的变化趋势,以便采取预防措施,降低事故损失。

趋势图通常用直角坐标系表示,横坐标表示时间间隔,纵坐标表示事物数量尺度,根据事物动态数列资料,在直角坐标系上确定各图示点,然后将各点连接起来,即为趋势图。例如,1983至1992年十年间三种原因导致的海事事故的趋势图,如图6-2所示。在绘制趋势图的过程中,如果事物的历史数据变化范围较大,可以用纵坐标轴表示事物数据的对数,即以对数数列为尺度。

由于对数数列与数列本身的变化趋势是一样的,这就保证了所作的对数趋势图与原趋势图的总趋势是相同的,由此可解决作图的技术难题。

3. 直方图

直方图是安全分析中较为常用的统计图表。它是由建立在直角坐标系上的一系列高度不等的柱状图形组成,因而也被称为柱状图,如图6-3所示。采用直方图进行事故统计分析,可以直观、形象地表示出各种因素对事故的影响程度。

除此之外,还有圆图法、排列图法等。

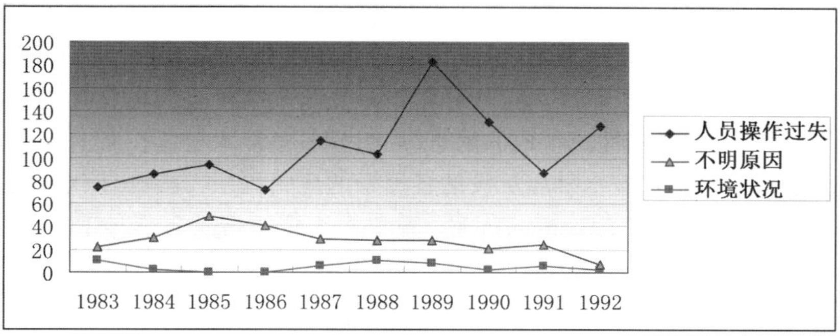

图 6-2　1983～1992 年海事事故原因趋势图

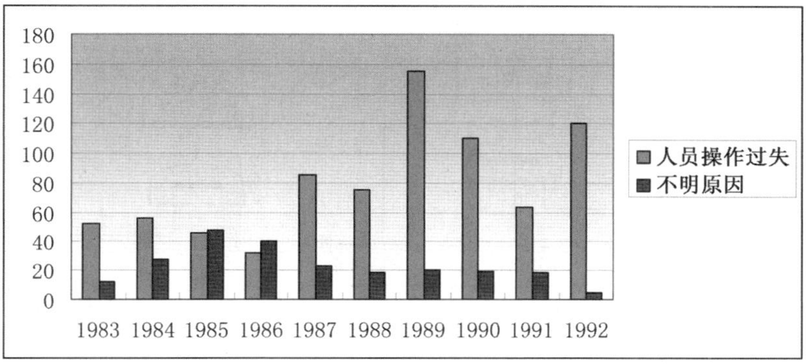

图 6-3　1983～1992 年海事事故原因直方图

（二）事故树分析法

事故树分析法（Fault Tree Analysis，简称 FTA）是安全系统工程中常用的一种逻辑分析方法。这种方法使用规定的符号（见表 6-2），形象地进行危险的分析工作，特点是直观、明了，思路清晰，逻辑性强，既可以做定性分析，也可以做定量分析。

表 6-2　基本符号及其含义

图形符号	说明	意义
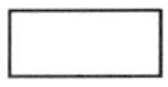	矩形符号	表示结果事件、顶上事件（所要分析的对象事件）和中间事件（系统中可能导致顶上事件发生的某些事件）
	椭圆形符号	表示基本原因事件，它是最基本的或不能再向下分析的原因或缺陷事件
	菱形符号	表示省略事件，即表示没有必要进一步向下分析或其原因不明确的原因事件
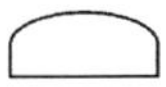	与门	可以连接多个输入事件和一个输出事件，表示仅当所有输入事件都发生时，输出事件才发生的逻辑关系
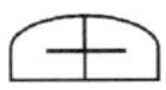	或门	可以连接多个输入事件和一个输出事件，表示至少一个输入事件发生时，输出事件就发生的逻辑关系

该方法基于数集和布尔代数，把事故系统可能发生的某种事件与导致事件发生的各种原因之间的逻辑关系用一种称为事故树的树形图表示，采取从原因到结果的逆过程进行分析，即

先确定事故结果，再逐层进行剖析，最终得到引发事故的各种基本事件。通过对事故树的定性与定量分析，找出事故发生的主要原因，为确定安全对策提供可靠依据，达到预测与预防事故发生的目的。目前，事故树分析已成为定性和定量预测与预防事故的主要方法之一。

这里仅以木材海运的特殊性所造成的海难事故为例，以某木材船在海上沉没事件为基础，通过分析研究，逐层构造导致该木材船沉没的各因素的逻辑关系，编制出该木材船海上沉没事故的事故树[①]，如图 6-4 所示。

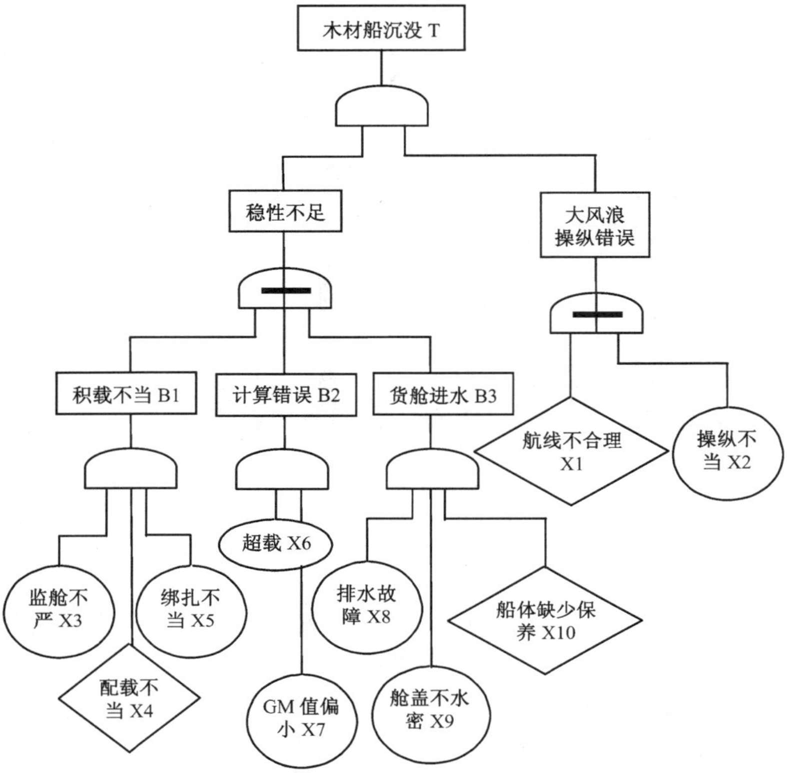

图 6-4　某木材船海上沉没事故的事故树

(三)安全检查表分析技术

1. 安全检查表概述

为了找出系统中的不安全因素，对系统加以剖析，列出各层次的不安全因素，然后确定检查项目，以提问的方式把检查项目按系统的组成顺序编制成表，以便进行检查或评审，这种表就叫作安全检查表(Safety Check List，SCL)。安全检查表是进行安全检查、发现和查明各种危险和隐患、监督各项安全规章制度的实施，及时发现并制止违章行为的一个有力工具。由于这种检查表可以事先编制并组织实施，自应用以来已发展成为预测和预防事故的重要手段。

2. 安全检查表的编制

安全检查表应列举须查明的所有会导致事故的不安全因素。它采用提问的方式，要求回

① 徐代荣. 木材船海难的事故树分析及预防[J]. 航海技术, 2009(5).

答“是”或“否”,“是”表示符合要求,“否”表示存在问题,有待于进一步改进。所以在每个提问后面也可以设改进措施栏。每个检查表均需注明检查时间、检查者、直接负责人等,以便分清责任。安全检查表的设计应做到系统、全面,检查项目应明确。

3. 编制安全检查表的主要依据

1)有关规定、标准、规程、规范及指南。为了保证安全生产,国际组织、行业、国家及有关部门发布了各类安全要求、指南,这些是编制安全检查表的一个主要依据。为了便于工作,有时将检查条款的出处加以注明。

2)事故案例。搜集相关案例,从中发现和总结不安全因素作为安全检查的内容。

3)系统分析的结果。确定的危险部位及防范措施都是安全检查表的内容。

4)研究成果。编制安全检查表必须采用最新的知识和研究成果,包括新的方法、技术、法规和标准。

下面是一个船上高空作业安全检查表的示例。

高空作业安全检查表

地点:______________________________

本作业许可有效期自:____________到:____________

负责签发的高级船员:___________________________

□01 是否已经仔细检查了所有要使用的生命支持设备、座板、板架、滑车索、安全吊带、救生索等并核对处于良好状态?

□02 是否已经约定了起重工具、作业设备和材料的方法,仔细检查了绳索、滑车等并核对处于良好状态?

□03 如果要拆下部件、机器、扫描装置、马达等并将其放下来,是否约定了方法以及是否核查了能够安全地支撑其重量并在完全受控的情况下将其放下?

□04 是否已经向在甲板上工作的其他人员发出了正在进行高空作业的警告?要按需张贴警告。

□05 如果在驾驶台上的主桅杆上作业,则要在驾驶室内张贴警告,值班驾驶员要在雷达上设置标牌并/或电机员要隔断电源。另外也要对后部号笛设置标牌并/或隔断电源。如果在前桅上作业,前号笛上也要设置标牌并/或断开电源。

□06 如果要在烟囱上作业,则要通知机舱,告知值班轮机员准确的作业性质并尽可能地减少/停止排放。要对后部号笛设置标牌并/或隔断电源。值班轮机员要在机控室内张贴有关正在进行作业的通知。

□07 如果作业涉及无线电天线或在其附近进行,则要通知驾驶员并在天线上设置标牌并将其隔离。

□08 在登高前要检查所有高空作业的人员是否佩戴了保险带/吊带。

□09 在整个期间监督人员要在场守候并保证高空人员系牢了安全吊带。

□10 作业结束时,监督人员要告知值班的高级船员,撤掉警告、移走标牌、重新接通电源等。

(四)综合安全评价

1. 综合安全评价概述

1988年7月6日英国海上平台Piper Alpha海难导致167人死亡,其事故调查报告大量采用了工业风险分析和风险评价方法。经英国学界的研究和推进,1993年英国海事与海岸警卫厅(MCA)向国际海事组织海上安全委员会(MSC)第62届会议提交了综合安全评价(Formal Safety Analysis,FSA)概念议案并被立即接受。

1997年,MSC第68届会议通过了《FSA应用临时指南》;2001年,MSC第74届会议通过正式的《FSA指南》,为国际海事安全评价提供了科学工具。

FSA是一种结构化和系统化的安全评估方法。这种方法基于概率论的数学分析,将工程技术和管理科学结合在一起,通过对各种危险和风险的分析,在事故发生前,就可以对风险有所预见,从而采取适当的措施降低风险,避免重大损失。

2. 综合安全评估的基本步骤

根据《FSA指南》,实施FSA的基本步骤如图6-5所示。

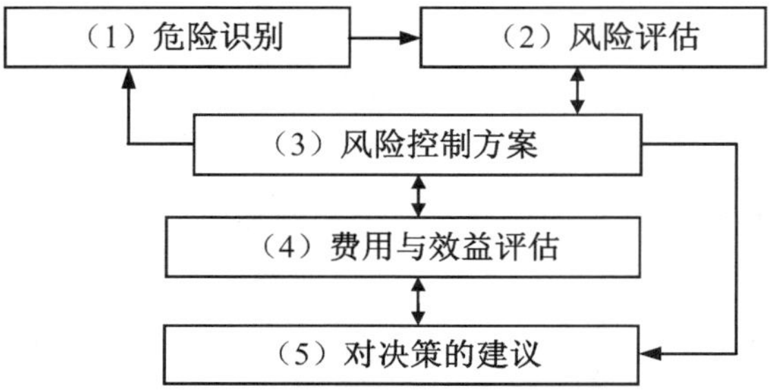

图6-5　FSA的5个标准化程序

应用FSA方法,第一步就是对所评估的系统可能存在的所有危险进行识别,找出有可能发生事故的原因和可能导致的后果,并将这些危险按照不同的危险程度进行排列,以便在第二步对主要危险做进一步的分析。

危险识别是第一步而且是最重要的一步,因为下面所有的过程都依赖于它。因此,危险识别必须是全面的、准确的。需要说明的是,在危险识别之前,要对系统所考虑的问题进行定义,要明确研究的范围、目的和目标,要充分考虑与评估项目相关联的限定条件,要熟悉评估项目现有的操作程序,同时要提出风险可接受衡准的说明,这样方可保证危险识别按预期的目的进行。

1)危险识别

危险识别一般是通过发挥想象和分析技术相结合来进行的。发挥想象是为了对危险的识别不局限于过去发生的事故或者已有记录的事故上,还要考虑到那些尚未发生但有可能发生的事故的潜在危险。

为此,特别提倡组织专门的专家会议进行评议,利用分析技术,即通过事故树分析、事件树分析、危险和操作性分析、失效模式与影响分析以及其他一些分析方法,对以往已发生的危险进行事后性全面总结,对可能发生的或者潜在的危险进行预期性分析,并利用相关数据进行评估,找出需要优先进行并更加详细分析的危险,以便把注意力集中在重要事项上。

2)风险评估

众所周知,风险的构成有两个要件:发生的可能性和后果的严重性,即风险是事故发生的概率与后果严重性的组合乘积。风险评估就是通过各种危险发生的概率与严重后果,推算出总体的风险水平。在风险评估时,既要考虑危险可能发生的频率,又要考虑一旦发生危险可能产生后果的严重程度,后果并不十分严重但经常发生的事故,与很少发生但一旦发生其后果可能非常严重的事故被看作具有同等的重要性。

可能性与后果结合的风险矩阵(风险等级)如表 6-3 所示。

对照表 6-3,一般认为,不可容许风险和严重危险视为不可接受风险;中度危险和可容许危险视为必须尽量减少到一个合理可行的低水平的风险;微小危险视为可忽略的风险。其响应建议如表 6-4 所示。

表 6-3　风险矩阵

	不明显	轻微	严重	灾害性
频繁发生	中度危险	严重危险	不可容许风险	不可容许风险
很可能发生	可容许危险	中度危险	严重危险	不可容许风险
很少发生	微小危险	可容许危险	中度危险	严重危险
极少发生	微小危险	微小危险	可容许危险	中度危险

风险矩阵表格展示的是最普遍的一种形式。风险矩阵可以扩大,以包含更多的行或列,这种分类取决于对问题详细的研究。所用可能性和后果的术语可以改变,以帮助理解。例如,“可能性”可以表述为“每航次一次”、“每船每年一次”、“每船队一次”,而“后果”可以用“急救损伤”、“严重损伤”或“死亡”等来表述。

经过上述风险评估,将找出需要采取控制措施的高风险区域,找出整个体系中影响风险水平的主要因素。

表 6-4　响应建议

微小风险	不需要采取措施
可容许风险	不需要附加控制,须监控以确保控制的保持
中度风险	需努力减少风险,须在特定的时间采取控制
严重风险	直到风险减少,新工作才能开始;如果工作在进行中,须采取应急措施,可以要求更多的资源
不容许风险	直到风险减少,工作才能开始或继续工作;如果风险不可能减少,必须禁止活动

3)风险控制方法

风险控制方法是在已进行的危险识别和风险评估的基础上,有针对性地提出降低风险的措施。降低风险的措施是多种多样的。现有的控制风险的基本方法有两个:一个是减少事件概率的预防性措施;另一个是减轻后果严重性的减轻性措施。而采取的行动模式有:从设置或增加安全设备的工程方面入手,或从通过实施规定的控制风险的程序方面入手。

这些措施的性质各不相同,各有利弊。例如,完全避免风险可能造成设计过于保守,也容易导致造价过高;过分依赖操作程序,虽然可以大大降低成本,但容易受到人为因素的影响并且有可能掩盖设计或设备中的缺陷。因此,风险控制方法的提出,应该注意到全面性、针对性和可行性。

需要说明的是，在提出新的风险控制方法之后，对采取这些安全措施是否会导致新的危险，要再按照前述的步骤与方法，进行危险识别和风险评估。

4）费用效益分析

费用效益分析主要是从经济效益的角度，评估前面提出的各种控制风险的措施的可实施性，即估算出如果采取所建议的控制措施所需要的费用，以及采取这些措施后降低风险所带来的利益，以便为决策者选择风险控制方法提供参考依据。

5）为决策者提出建议

实施 FSA 方法的最后步骤是根据上述各步的评估结果决定应当选取的风险控制方案，并作为新的安全管理要求，向决策者提出决策建议。

3. 综合安全评估举例

现以船舶配载为例，具体说明综合安全评估法的应用。①

1）船舶配载的危险识别

与船舶配载直接相关的事故可以分为两类：一类为稳性事故，另一类为船体损毁事故。

根据不同的装载或卸载的工况（包括各压载水舱灌水或排水）所有可能的组合，由此而导致超出船舶浮性、稳性和强度规范的要求，均确定为危险。

下列情况均被视为危险：

（1）不当配载造成船舶吃水超过规定的载重水线；

（2）不当配载造成船舶的吃水差超过规定范围；

（3）不当配载造成船舶大角度的横倾或倾覆；

（4）不适当的 GM 值造成船舶在风浪中过大或过剧的横摇，危及船舶的安全；

（5）不当配载使得稳性衡准的个别要求或全部要求没有被满足；

（6）不当的配载造成船体剖面中的剪力或弯矩大于许用值；

（7）局部载荷超出局部强度允许的范围；

（8）没有考虑船体腐蚀影响，不当的配载对船体结构造成损伤或损坏。

此外，还要考虑有关船舶浮态、稳性和强度的计算以及较大船龄船舶的强度校核中，船体剖面模数的选择等。

2）船舶配载的风险评估

可以参照表 6-5 对各种事故的危险严重性进行划分。

表 6-5　严重性划分

程度	划分标准
不明显	故障容易由船员解决或克服，对人员财产或环境几乎没有损害
轻微	船舶强度和稳性轻微降低，局部破损
严重	船舶强度和稳性严重降低，对船舶安全构成严重威胁
灾难性	船舶全损或人员死亡事故

同时可以参照表 6-6 对事故的发生概率进行划分。为了做到更加准确，需要进行大量的事例调查，根据统计的结果来判定。

① 沈华，李荣辉. 综合安全评估法在船舶配载中的应用[J]. 大连海事大学学报，2003，29(4)：28-30.

表 6-6　发生概率划分

概率	划分标准
极少	仅在罕见的情况中发生
较少	在船舶寿命期内几乎不发生
很可能发生	在船舶寿命期内可能会发生
频繁	每年发生一次或更多次

3）船舶配载的风险控制方案

尽管"合理可行的低风险"可以被接受，但是一旦发生事故，其后果也是相当严重的，所以一般将它与不可接受的风险一起考虑，并绘制成事故树进行原因分析。与人为因素有关的风险，需要在绘制事故树中加进去。针对船舶安全配载，一般提出如下的风险控制方案：

（1）船员利用现有的装载手册、船舶静水力曲线图和自己积累的工作经验进行配载，但需要加强检查，防止失误。

（2）将所有可能出现的配载组合统一考虑，把每一个工况下的船舶浮态、稳性和强度都计算出来，汇编成详尽的装载手册，并将所有的配载禁区明确列出，帮助船员在配载时避开危险区。

（3）研发船舶配载综合安全评估系统实用软件，结合目前船舶普遍采用的计算机配载系统，使船员清楚了解某一次配载下的实际安全程度。

（4）据船舶的营运年限，定期全面细致地对船体进行检测，对腐蚀较重的强力构件应及时换新，对老龄船舶给予特别的关注，以便及时做出维修或报废决策。

（5）加强对船员的培训，要求船员严格按照操作要求进行配载，将人为因素造成的事故率降低到最小。

4）船舶配载的费用与效益评估

应根据航运公司的经济情况、船舶的实际技术状况和船员状况，对各种风险控制方案进行费用/效益比预测，并对结果进行比较，最终确定适合本公司的风险对策。通常情况下，采用方案（1）和（5）是比较省钱的，但管理的水平和效率比较低。方案（3）的初期费用投入比较大，与方案（2）相比优点是工作效率高。

5）对决策的建议

随着船龄的增大，不管采取什么风险对策、检测或者维修措施，船舶总体条件逐渐恶化是不可避免的，因此配载的风险水平也在不断升高。

一般认为，方案（1）被采用较多，不过这种方案不能在船舶全生命周期内保证船舶始终处于可接受的低风险水平，但较好的费用/效益比使得此方案被大多数中小航运公司接受。方案（2）和（3）是目前较先进的风险控制方案，它能保证船舶在全生命周期内处于可接受的低风险水平，并有效避免人为因素造成的事故。但因经费的投入相对较多，目前可以在一些大的船公司的重要船舶上实行这类方案。

第三节　常见海上事故及其主要原因

一、船舶碰撞事故

(一)疏忽正规瞭望

正规瞭望疏忽的表现形式主要有以下几种:

1. 放弃正规瞭望

放弃正规瞭望的情况主要出现在渔船特别是在锚泊的渔船上。例如2006年5月16日夜间,某渔船在山东省龙口港外航道附近锚泊后,未安排人员锚泊值班,船上包括船长在内的8名船员全部睡觉,完全放弃了瞭望,最终被同样疏忽瞭望的货船撞沉。

2. 收集瞭望信息不适当

收集瞭望信息不适当,主要表现在船舶未及早发现来船。其次,在及早发现来船后没有对来船进行跟踪判断,特别是未进行雷达标绘。例如,2006年3月4日,“新港之星”船空载由天津港起航开往澳大利亚。5日0100时许,海上浓雾,能见度下降到约0.1 n mile,但该船仍以全速航行,直到碰撞。0025时,通过雷达观测未发现其他船舶;0120时,值班二副突然发现右舷有一船的灯光,立即跑到驾驶台右侧,看到来船的红灯和甲板灯,同时感觉与另一船(“港龙运3”船)发生碰撞。“港龙运3”船装载汽油驶离天津港开往上海港。5日0115时,值班二副观测雷达发现屏幕中心下方约1 n mile处有一目标向其追越,通过VHF16频道呼叫,但对方没有回答。值班二副未进行雷达标绘也没有采取避碰行动,仍以全速行驶,只是通过观测雷达发现追越船越来越近,随后与来船(“新港之星”船)发生碰撞。

3. 瞭望处理信息不当

瞭望信息处理不当主要源于思维定式的影响。例如,在“大庆422”船与“锦乐油8”船碰撞事故中,“锦乐油8”船受思维定式的影响,在渔区航行就认为右前方3 n mile范围内的船舶全是渔船,对渔船航速较慢、危险性较小而未予重视,仍全速航行,直到“大庆422”船逼近到船艏右前方50 m之内才突然发现,碰撞已无法避免。

(二)注意力的分配和转移不适当

例如,2006年8月22日夜间,“新金林6”船抵达成山头交管报告线,即通过高频向成山头交管中心报告船位,因信号接收不清无法报告;“新金林6”船船长到驾驶台接班,并继续呼叫成山头交管中心。同时,“东丽2”船大副通过高频向成山头交管中心报告动态,因高频信号不好,一直忙于调试高频。两船均专注于高频联系和设备调试,未注意驶近的对方来船,直到临近到碰撞才突然意识到对方来船,但为时已晚。

(三)安全航速的选用不适当

在大多数碰撞事故中,特别是在雾航碰撞事故中,如前述的“新港之星”船与“港龙运3”船碰撞事故,当事船舶均未使用安全航速。

（四）避碰措施不适当

避碰措施不适当主要表现在采取行动太迟、幅度太小，包括以下几个方面：

1. 让路船未及早采取大幅度的让路行动

例如，在“旭山”船与“辽营渔 25067”船碰撞事故中，“旭山”船作为让路船及早发现了来船并确认存在碰撞危险，但在相距约 1 n mile 时才小角度向右转向避让。

2. 直航船未适当履行其补充性的避碰义务

例如，在“东方蓝宝石”船与“勘 408”船碰撞事故中，“勘 408”船为直航船，在发现让路船“东方蓝宝石”船没有采取任何让路措施且形成紧迫局面之后，没有独自采取操纵行动以避免碰撞，该船仅采取了向左转向 5°的措施，违反了《避碰规则》第十七条的相关规定。

3. 雾中采取不适当的转向避让措施

《避碰规则》第 19 条 5 款规定，在两船构成或不能避免紧迫局面之后，禁止转向避让；此时应当尽量减速保向，观察局面；在判明局面后，才可适时变速转向避让，直至脱离危险。换言之，在构成紧迫局面之后，无论向左转向还是向右转向，均是错误的。例如，2009 年 11 月 5 日，“JIANG JIE”船在由张家港空载开往天津港的途中与从京唐港空载驶往韩国 YOSU 港的“EL HADJAR”船在浓雾中会遇。两船在相距 6 n mile 以外即用雷达发现了对方，但均未及早采取避碰行动，直到相距约 1 n mile 时，两船几乎同时分别采取向左或向右满舵转向避让。两船行动冲突，最终碰撞。

4. 一连串的小幅度转向

一船一旦不进行线性运动，他船也就无法对其未来轨迹进行预测，也就无法判断与其之间的碰撞危险。而一连串的小幅度转向属于曲线运动，他船难以觉察，也无法判断碰撞危险。因此，一连串的小角度转向经常成为碰撞事故的致因因素。例如，2012 年 10 月 3 日，N 船与 L 船交叉相遇，N 船位于 L 船右舷，L 船为让路船。0204 时，两船相距 2.7 n mile，L 船航向由 0202 时的 067°逐渐增加至 085°；0204 时至 0210 时，两船距离逐渐减小至 1.5 n mile，L 船又不断向左调整航向至 062°；0212 时，两船距离减小至 1.2 n mile，L 船航向向右调整至 117°；0214 时，两船距离减小至 0.5 n mile，N 船继续保向保速，L 船航向变为 179°。N 船无法理解 L 船航向小幅左右摆动的意图，又没有及早减速停船，最终两船碰撞。

5. 在局面不明时未及早减速停船

《避碰规则》第 8 条第 5 款规定，为了避免碰撞或留有更多时间来估计局面，应减速停船。这是船舶最可取的做法。例如，在“银石”船与“闽连渔 F0436”船碰撞事故中，“银石”船值班二副发现在本船左舷距离约 2 n mile 处有几对拖网渔船，并突然发现右前方约 0.2 n mile 处有一艘渔船，便认为，当时既不能左转向避让，也不能右转向避让，但该船也没有及时减速停船，最终与他船碰撞。

（五）对相关规章理解不正确

例如，在“安娜”船与“水鹭涨 3”船碰撞事故中，在浓雾中无法用视觉看到来船的情况下，“安娜”船值班三副通过雷达发现本船左舷有几艘来船，即认为本船左舷来船为让路船，本船为直航船而继续保向、保速行驶，最终两船碰撞。显然，“安娜”船值班三副对局面的理解是错误的。在能见度不良不互见的情况下，会遇的两船不区分让路船和直航船，均应按照《避碰规则》第 19 条的规定采取避碰行动。

(六)航法不规范

例如,在“大唐 19”船与“金华夏 158”船碰撞事故中,两船在长山水道中均未遵守狭水道“右行”之规定,导致碰撞。

(七)助航设备的使用不适当

这类失误主要是对雷达设备的调整和设置不当。例如,在“固原海”船与“鲁长渔 2018”船碰撞事故中,因在雾中航行,“固原海”船船长和值班二副没有正确操作使用雷达瞭望,二副对操作雷达不熟练,换挡中调谐未正确调整,造成雷达回波消失,致使在碰撞之前一直未在雷达上探测到来船,直到发生碰撞并听到呼喊声才发现来船。

(八)戒备措施不适当

主要是指雾航中的戒备措施不适当。例如,在“港龙运 3”船与“新港之星”船碰撞的事故中,两船没有按章施放雾号,未加强值班瞭望,“新港之星”船未守听 VHF 通话等。

(九)值班安排不适当

《STCW 公约》第 VIII-2 节第 16 段规定,仅在白天并在满足诸多条件的基础上才可以由一名驾驶员独立值班;在夜间必须由一名值班水手协助驾驶员值班。在“Hanjin Gothenburg”船与“Chang Tong”船碰撞事故中,总长达 274. 67 m 的“Hanjin Gothenburg”船夜间在船舶通航密集水域航行,未配备值班水手,仅有大副一人值班,致使其未能及早发现来船。

(十)疲劳

例如,“东方蓝宝石”船值班大副在 2007 年 5 月 21 日 0400 时至 22 日 1600 时期间,没有得到充分的休息,只休息了大约 2 h。在 22 日的值班中, 他疲劳值班,反应迟钝,未能对碰撞局面做出正确判断,导致与他船发生碰撞。

(十一)显示或鸣放信号不规范或误认信号

例如,在“鲁东渔 0057”船被撞沉没事故中,“鲁东渔 0057”船夜间显示了一盏红色环照灯当作锚灯,未适当履行表明本船处于锚泊状态的义务。再如,在“C. PIONEER”船与“航顺 1”船碰撞事故中,“航顺 1”船在能见度小于 0. 1 n mile、离来船距离 2. 3 n mile 不能互见的情况下,右舵 20°时同时鸣一短声,且在右满舵时,再次鸣放一短声,违反了《避碰规则》第 34 条规定中关于“操纵声号仅适用于互见中机动船”的规定。

二、船舶搁浅事故

(一)环境方面的原因

主要是指大风大浪、流速较大等对船舶的影响。例如,2012 年 8 月 28 日,受台风“布拉万”的影响,海面风力增强为 10 级,浪高 7 m。受强风影响,“Tong Yea No. 5”船操纵困难,无法维持计划航向,船舶持续向岸边靠近,最终搁浅。

(二)船舶设备方面的原因

主要包括船舶断链走锚、主机故障或舵设备故障等。例如,2007 年 10 月 27 日,“伟业 6”船自长岛港空载开往天津港,2000 时,海上东北风 6~7 级,该船抛锚避风。后风力逐渐加大,阵风 9 级,大浪,改抛双锚。28 日 0055 时,值班人员发现船舶走锚,后确认左右锚链断裂,船舶最终搁浅。

(三)通航环境方面的原因

主要包括海图水深与实际不符,缺少航标或航标移位,或存在其他船舶干扰等。例如,2006 年 3 月 17 日,“天使黎明”船按照岚山港的水深要求在日照港减载后靠泊岚山港。在靠泊过程中,在离泊位 100 m 以外的港池内搁浅。后经扫测发现,因港口施工项目增多造成了港池回淤,船舶搁浅处的水深最浅处为 9.6 m,比海图上表明的原扫测水深减少了 1 m。

(四)航行准备方面的原因

主要是指船舶未备有必要的航海图书资料,也不熟悉有关航道、港口或锚地,没有设计航线或航线设计不适当等。例如,在“德勤 16”船搁浅事故中,该船未有效利用海图等航海资料和助航标志,不熟悉港口航道情况,未制订计划航线,盲目操纵导致船舶偏离航道,最终搁浅。

(五)航行实施方面的原因

主要包括疏忽瞭望、盲目摸航、操纵不当、偏离航线、过分依赖引航员和助航仪器等。例如,2006 年 8 月 4 日,“海明”船满载货物由龙口港 19 号码头离泊出港,此前没有有效利用海图等航海资料和助航标志充分了解龙口港航道情况,而是过分依赖电罗经等船舶设备,在电罗经不能正常运转、航向失去参照的情况下,船舶搁浅于龙口港 K3 号浮标南侧。

三、船舶触碰事故

(一)船舶操纵和操作不当

例如,“UN SAN”船于 2006 年 4 月 7 日在驶入烟台港靠泊过程中,当船首距码头约 150 m 时,引航员令“后退一”,但发现船速没有变化;当距码头 120 m 时,令“后退二”,同时抛右锚,采取上述措施后发现船速不但没降反而有加快趋势。发现异常情况后,引航员立即跑进驾驶台查看车钟,发现车钟显示确实为后退二,到驾驶台外查看水花,发现船舶有进车水花迹象。引航员立即下令停车。约 6~7 秒后,“UN SAN”船与码头发生触碰。事后查明,该船轮机长没有掌握该船设备使用说明书中关于主机推进装置的操作要求,没有严格按照规程进行操作,致使在引航员要倒车后,船速未减反而进车。

(二)不熟悉船舶的操纵性能

例如,2005 年 1 月 10 日,“天燕”船在离青岛前湾港区泊位时,船长没有申请引航员和拖轮协助离泊,自己先用倒车左舵离开码头,后进车右满舵。由于船长对该船的旋回性能不够熟悉,在倒车时未能留出足够的安全距离和掉头水域,导致船舶与码头快要平行驶过时,左锚触碰码头碰垫,造成了一定的损失。

(三)船舶设备故障

例如,2008 年 9 月 30 日,“鲁能海 5”船装载煤炭驶往烟台港。在进港过程中,轮机长报告船长,主机故障,已对 No. 5 缸封缸处理,加速有困难。在接近泊位至 70 m 时,航速 1.9 kn,船长要车后退一,随后要车后退二、后退三,但因主机故障,车速跟不上来。离码头 40 m 时,抛锚 1 kn 落水刹车,但仍无法制止船舶的前冲,最终船首以接近 90°夹角触碰码头岸壁。

(四)违章操作

例如,2008 年 4 月 24 日,某救助船拖带驳船“重任 503”船靠泊蓬莱某公司码头。1800

时，该救助船接到海事部门关于夜间及次日有7~8级大风、9级阵风的气象预报，以及要求两船离港避风的通知。但该救助船船长以夜间航行不安全为理由拒绝离港避风。1840时，海事执法人员进行现场巡查时，再次建议该救助船船长出港到安全锚地避风。该船船长拒不接受，并写下书面保证，一旦出事，责任自负。4月25日0745时，码头所属公司安全管理人员登船再次要求救助船出港避风，该船船长再次拒绝。夜间，海面风力增大，浪高4~5 m，船舶摇晃剧烈，与码头摩擦碰撞加剧，最终导致多根缆绳断裂，两船船体和码头都受到了一定程度的损伤。

四、船舶自沉事故

(一)货物不适运

例如，2007年10月27日，"JUNG SAN"船载运3 650吨原银矿粉(Silver Powder Ore)由朝鲜南浦港开往山东龙口港。所载原银矿粉含水量较高，含水率高于10%，超过我国《关于发布〈海运精选矿粉及含水矿产品安全管理暂行规定〉的通知》中规定的不得超过8%的承运标准。途中，"JUNG SAN"船遇到较强北风，船舶横摇，含水矿粉中的水分逐渐渗出，在货物表面形成类似自由液面的黏稠浆液，并随着船舶的横摇流向一舷，在船舶回摇时黏稠的货物浆液却不能完全流回，导致船舶横倾。1226时，"JUNG SAN"船出现左倾约5°左右，船长开始组织船员向右侧油舱压水以调整船舶平衡；1430时，左倾达到约20°，此时通过向右侧压水调整船舶平衡的效果并不明显，船舶左倾仍在不断加剧，船长要求船员穿上保温救生衣待命；1530时许，船舶左倾加剧，船长下达弃船令，全体船员分别跳入海中，在海中漂浮待救；1539时许，"JUNG SAN"船沉没，2名船员遇难。

(二)违章操作

例如，2004年6月，P船抵达青岛某船厂并安全系泊在船厂码头上进行修理。8月5日约2125时，P船船长在其办公室整理和签署有关修船文书时，感觉到船舶突然抖动，并发现船舶左倾约1.5°。2127时，船长注意到船舶左倾继续加大，他立即通知轮机长和船厂主管工程师检查机舱是否进水并查明原因。约2128时，船舶向左舷快速倾斜，船长认为情况紧急，立即通知船员在船员餐厅集合。2135时，P船船长发现第七货舱从船侧开口处进水。2200时，P船船底尾部触及海底并最终正浮坐浅，船舶干舷露出海面约2 m。事后查明，船方和船厂均未按章操作。P船船员因测试压载管系而将海水排入管子弄内的压载水管，管子弄内的压载水管上有多个阀门已被船厂拆下送岸上维修但没有按操作规程用盲板封堵，致使海水经这些未封堵的阀门开口进入管子弄，进而进入因维修而串通的船内多个舱室，导致船舶最终进水坐浅。

(三)船体抗风浪能力不足

例如，2008年1月20日，"上源"船在渤海湾中遇到北到东北风6~7级，阵风8级，甲板严重上浪，艉甲板海水不能及时泄出。0834时许，船员使用移动式排水泵抽排船艉甲板的积水，但是排水效果很差。0900时许，艉甲板积水经由甲板通往机舱的电缆管导缆孔灌入机舱，船舶发电机发生故障，船舶停电，艉主甲板积水越来越多，又通过甲板空舱道门盖上的锈洞灌入船艉部的空舱并通过船员生活区的水密门灌入生活区。0950时许，船舶恢复供电，继续用移动式排水泵排水，但效果不明显，并且风浪越来越大，船舶航行越来越困难，船长请求弃船并得到公司的同意。1035时许，"上源"船沉没，7名船员失踪。

思考题

1. 什么是海上通航系统？它包括哪些因素？
2. 系统安全分析的主要方法有哪些？
3. 综合安全评估的基本步骤有哪些？
4. 常见的海上事故有哪几种？
5. 船舶碰撞事故的主要原因有哪些？
6. 船舶搁浅事故的主要原因有哪些？
7. 船舶触碰事故的主要原因有哪些？
8. 船舶自沉事故的主要原因有哪些？

第七章 海上事故处理与安全管理

船舶的海上安全保障,不仅依赖于先进航海技术的应用,还需要对海上风险进行分析、评估和管理,并对已发生的事故进行全面和深入的调查,以期避免同类事故的再次发生。

第一节 海上事故调查和处理

事故预防在很大程度上取决于从事故调查中所取得的教训。为了有效地预防事故,必须对事故的直接原因和相关原因进行深入的调查。利用从事故调查中查明的教训可重新评定有关风险、改进培训和操作方法,并在必要时修订规章制度,以防止类似事故再度发生。

一、海上事故的概念

国际海事组织海上安全委员会第 84 届会议于 2008 年 5 月 16 日以 MSC. 255(84)号决议通过了《海上事故或海上事件安全调查国际标准和建议做法规则》(以下简称《事故调查规则》)。《事故调查规则》的第Ⅰ和第Ⅱ部分作为强制性规定,于 2010 年 1 月 1 日生效。

依据《事故调查规则》的规定,海上事故(Marine Casualty)系指与船舶操作直接相关而发生的,导致下列情况的一个事件或连续事件:

1. 一人死亡,或严重受伤;
2. 船上一人失踪;
3. 一艘船只灭失,推定灭失或弃船;
4. 一艘船只实质损坏;

5. 一艘船只搁浅或不能使用,或者船舶发生碰撞;

6. 船舶之外会严重危及船舶本身、其他船舶或个人安全的海上基础设施的实质损坏;或

7. 一艘船只或多艘船只的损坏造成的对环境的严重损害,或潜在的严重损害。

在海上事故中,如果涉及船舶全损或一人死亡或严重环境损害,则称为非常严重海上事故(Very Serious Marine Casualty)。

海上事件(Marine Incident)系指海上事故之外的,与船舶操作直接有关而发生的,危及或如不改正将要危及船舶、其乘员或任何其他人员或者环境安全的一个事件或连续事件。

但是,海上事故和事件均不包括故意损害船舶、人员或环境安全的有意作为或不作为。

二、海上事故分类

《事故调查规则》对"海上事故"的定义中列举的7类情况实际上是对海上事故的一个概括的分类。实践中,为了便于事故的调查、统计和分析,我国《水上交通事故统计办法》将涉及船舶的海上事故分类如下:

1. 碰撞:指船舶之间或船舶与排筏、移动式平台之间发生接触造成损害的事故;

2. 触损:指船舶触碰岸壁、码头、航标、桥墩、钻井平台等固定物或沉船、沉物、木桩、鱼栅等障碍物造成损害的事故;

3. 浪损:指船舶兴波冲击其他船舶、排筏、设施等造成损害的事故;

4. 触礁:指船舶触碰礁石或搁置在礁石上;

5. 搁浅:指船舶搁置在浅滩上,造成停航或损坏的事故;

6. 火灾/爆炸:指船舶因自然的或人为的因素致使船舶失火,而造成损害的事故,但不包括船舶在厂修时发生的火灾事故;

7. 风灾:指船舶遭受强风袭击造成损害的事故;

8. 自沉:指船舶因超载、积载或装载不当、操作不当或船体漏水等原因及不明原因造成船舶沉没、倾覆或全损的事故;

9. 其他:指不能归入前8类的水上交通事故。

三、海上事故分级

根据事故船舶的等级、人员伤亡和造成的直接经济损失情况,我国将水运交通事故分为小事故、一般事故、大事故、重大事故、特大事故5个等级。其中,前4个事故的分级由《水上交通事故分级标准表》规定,见表7-1。但特大水上交通事故分级按照国务院有关规定执行。

依据国务院于1989年3月29日发布施行的《特别重大事故调查程序暂行规定》,特别重大事故系指造成特别重大人身伤亡或巨大经济损失以及性质特别严重、产生重大影响的事故。劳动部根据该规定的授权做出下列解释:水运事故造成一次死亡50人及以上的,或一次造成直接经济损失1 000万元及以上的,即为该规定所称的特别重大事故。

依据IMO《事故调查规则》的相关规定可以看出,其将事故概括分为3个等级,即海事事件、海上事故和非常严重海上事故。

表 7-1　水上交通事故分级标准表

	重大事故	大事故	一般事故	小事故
3 000 总吨以上或主机功率 3 000 kW 以上的船舶	死亡 3 人以上；或直接经济损失 500 万元以上	死亡 1～2 人；或直接经济损失 500 万元以下，300 万元以上	人员有重伤；或直接经济损失 300 万元以下，50 万元以上	没有达到一般事故等级以上的事故
500 总吨以上、3 000 总吨以下或主机功率 1 500 kW 以上、3 000 kW 以下的船舶	死亡 3 人以上；或直接经济损失 300 万元以上	死亡 1～2 人；或直接经济损失 300 万元以下，50 万元以上	人员有重伤；或直接经济损失 50 万元以下，20 万元以上	没有达到一般事故等级以上的事故
500 总吨以下或主机功率 1 500 kW 以下的船舶	死亡 3 人以上；或直接经济损失 50 万元以上	死亡 1～2 人；或直接经济损失 50 万元以下，20 万元以上	人员有重伤；或直接经济损失 20 万元以下，10 万元以上	没有达到一般事故等级以上的事故

四、海上事故调查的概念、方法和性质

海上交通事故调查是为查明海上交通事故发生的原因、经过、造成损害的程度、范围，确定事故的性质和判明事故当事人的责任，而依法进行的一系列活动。依据 IMO《事故调查规则》的规定，海上安全调查系指以防止将来的海上事故和海上事件为目的而进行的对海上事故或海上事件的调查或询查（不论一个国家对其称谓如何）。调查包括对证据的收集和分析，确定引发因素和提出必要的安全建议。

事故调查的目的是消除事故隐患，防止类似事故的重复发生。调查的方法是运用勘查、拍照、查询、鉴定、检验等手段搜集证据，然后分析包括人为因素在内的与事故有关的所有因素、研究海上交通事故发生的各个细节、查明事故原因。

海上交通事故调查是海事机关依法对海上交通事故进行调查的一系列活动，属于行政管理行为。但在具体的海上交通事故调查过程中，不仅取证、分析需要运用不同的技术手段，而且对事故原因的认定也主要是技术认定。所以，海上交通事故调查既是行政执法调查，又是技术调查。

五、海上事故调查的管辖

海上交通事故的管辖以属地管辖为主，指定管辖为辅。

1. 发生在海事机关管辖水域内的海上交通事故，由事故发生地海事机关管辖。如船舶、设施发生事故后驶往其他港口，到达港的海事机关应协助事故发生地海事机关进行调查，后者可申请上级机关指定前者调查。

2. 船舶、设施在海事机关管辖以外水域发生事故，由就近的海事机关或船舶到达我国第一个港口的海事机关管辖。如事故涉及两艘及以上船只，将有两个或以上第一到达港，则由所涉及的第一到达港海事机关协商，或联合调查，或以一方为主、其余各方协助的方式调查。

3. 中国籍船舶在我国管辖水域以外发生的海上交通事故，船籍港海事机关应进行调查。

如涉及前述第一到达港海事机关，由第一到达港海事机关调查。第一到达港海事机关调查后，应向船籍港海事机关通报调查情况。

4. 有关海事机关对海上交通事故的管辖不明或发生争议的，应报请共同的上级海事机关，由上级海事机关指定管辖。

六、海上事故的报告

中国海事局于2011年2月发布的《涉外海上事故或事件安全调查管理规定》第2章，具体列明了在发生涉外海上事故或事件后，应当遵循如下的报告程序：

在中国沿海水域、内河通航水域发生的任何涉外海上事故或事件，均应按照海上交通事故调查处理相关规定报告。中国籍国际航行船舶在中国沿海水域和内河通航水域以外发生的海上事故或事件，船舶及其所有人、经营人和管理人应在事故发生后24 h内，向船籍港海事管理机构报告相关信息。

中国籍国内航行船舶与外籍船舶之间在中国沿海水域或内河通航水域以外发生的海上事故或事件，中国籍船舶及其所有人、经营人和管理人应在事故发生后24 h内向船籍港海事管理机构报告相关信息。

中国籍船员所在的外籍船舶在中国沿海水域和内河通航水域以外发生海上事故或事件，船员派出单位应在事故发生后及时向给其颁发资质证书的海事管理机构报告相关信息。

相关信息包括船舶的名称、呼号、国籍、IMO编码、起讫港，船舶所有人、经营人和管理人的名称、联系方式，事故发生的时间、地点、海况以及人员、船舶的损害程度等。

七、海事机关及调查官的权利与义务

（一）海事机关的权利与义务

1. 若调查需要，可以责令船舶驶抵指定地点接受调查；

2. 可以邀请有关机关和社会组织参加事故调查；

3. 船舶、设施发生交通事故，手续未清，有权禁止其离港；

4. 当事故责任确定后，给予事故责任人行政处罚，或建议有关单位对事故责任人予以行政处理，涉嫌刑事责任的，移送司法机关追究其刑事责任；

5. 对隐匿、谎报案件或抗拒查询的当事方给予行政处罚；

6. 在查明事故原因，判明事故责任后，责令有关船舶、设施的所有人、经营人加强对所属船舶、设施的安全管理。对拒不加强安全管理或在限期内达不到安全要求的，责令其停航、停止作业，并可采取其他必要的强制性处置措施。

海事机关在行使上述权利时，特别是责令船舶驶往指定地点、滞留船舶及禁止船舶离港等可能严重影响各有关方的利益时，应该慎重考虑。

（二）调查官的权力

1. 询问有关人员；

2. 要求被调查人员提供书面材料和证明；

3. 查阅航海日志、轮机日志、车钟记录、报务日志、航向记录、海图、船舶资料、航行设备仪器的性能资料及其他调查所必需的原始文书资料；复印或复制上述资料，并要求当事人签字确认；

4. 检查船舶、设施及有关设备的证书、人员证书和核实事故发生前船舶的适航状态、设施的技术状态；

5. 检查船舶、设施及其货物的损害情况及人员伤亡情况；

6. 勘察事故现场，搜集有关物证；

7. 要求当事方申请检验部门检验或召集鉴定人进行技术鉴定；

8. 可以使用录音、照相、录像等设备和其他法律允许的调查手段；

9. 不受任何人或组织的不当干扰，独立地完成海上调查报告。

（三）调查官的义务

1. 在执行事故调查任务时，应向被调查人员出示执法证；

2. 调查应公正、客观、及时、全面；

3. 按法律的授权和规定的程序，使用合法的手段和方式进行海上交通事故调查处理工作；

4. 客观、真实地编写海上交通事故调查报告书；

5. 遵循自愿、公平的原则，进行海上交通事故引起的民事纠纷的调解。

八、海员的权利和义务

涉及海上事故的当事海员作为被调查人相应地承担下列义务并享有下列权利：

1. 如海上安全调查需要海员向其提供证据，海员有义务向其提供证据；

2. 如海员下船配合调查，则其有权尽可能早地获准返回船舶或遣返回国，海员的人权须始终得到维护；

3. 所有被要求提供证据的海员均有权知悉海上安全调查的性质和根据；

4. 所有被要求提供证据的海员均有权知悉并获准得到有关法律咨询；

5. 在海员提供证据时有权知道海上安全调查之后的任何诉讼中令自己负罪的任何潜在风险；

6. 任何不使自己负罪的权利或保持沉默的权利，即海员享有“不自证其罪”和“沉默”的权利；

7. 如向海上安全调查官提供证据，为防止该证据的使用对其自身不利而有权获得的任何保护；

8. 有权要求调查当局确保其所持有的任何海上安全记录通常不在刑事、民事、纪律或行政诉讼中披露。

九、证据

海上交通事故调查中的证据，一般指海上交通事故的调查材料，是证明海上交通事故真实情况的一切事实。海上事故调查中的证据有书证、物证、视听资料、证人证言、当事人陈述、鉴定结论、勘察笔录、现场笔录、现场记录等。

审查判断证据时，应对全部证据进行综合分析。由于任何一个证据都不能自我核实，因此，除对证据本身进行分析外，更重要的是将它与其他证据对照，进行综合分析，如对于当事人和有关人员的陈述，可以用 VTS 的记录、航向记录、航海日志、现场勘察记录、物证等进行对照分析，以及必要的计算和技术检验或鉴定报告，验证其真实性和准确性。

最后，应认真分析和解决证据中的各种矛盾，采用的证据必须能与其他相关证据相印证。在搜集到的各种证据中，某个证据本身以及某些证据之间不可避免地存在各种矛盾。如果某个证据本身有矛盾而没有得到解决，那么这样的证据就不能作为认定事实的根据；如果证据与证据之间存在矛盾而未予解决，就无法判明哪个可靠，哪个不可靠，从而也不能用作认定事实的依据；如果证据与事故事实之间存在矛盾而没有解决，那么所认定的事实就没有说服力，站不住脚。

调查官在取得全部证据并考虑全部因素之前，不应得出有关事故事实的任何最后结论。

十、事故原因分析

事故的致因理论认为，事故是物体或人的身体与超过其阈值的能量相接触，其后果是人的伤亡和物的损害。导致事故的直接原因是不安全行为、不安全状态和不良环境，引发不安全行为、不安全状态和不良环境的原因是对事故基本要素的管理不当。事故原因分析的基本思路是将调查中所获得的杂乱无章的信息归纳为几种基本要素，分析各要素在事故中的作用机理，查找事故原因。

依据“人—船—环境—管理”的系统观点，可将导致海上交通事故的基本要素归纳为船舶要素、环境要素、货物要素、人员要素和管理要素等致因要素。运用因果分析法，分析各致因要素和相关要素在事故中所处的地位及其相互之间的关系，即各致因要素在海上事故中的作用机理，决定哪些是直接原因，哪些是间接原因；如两艘航行船只在海上发生碰撞事故，其直接原因一般是不安全行为，具体来说就是船员在瞭望、对危险局面的判断、避碰行动和对避碰行动的评估等方面存在不足的综合结果。

在此基础之上进一步分析对每一要素以是否应制定特别管理规定，是否有管理规定，是否执行了有关管理规定，有关管理规定是否合理和是否指定人员负责该项工作，是否明确了职责，是否为指定人员完成指定的职责进行了必要的安排等问题为主线逐步深入，直至找出引发致因要素的管理原因和存在的不足。

依据前述事故原因的分析，最终形成事故报告。

十一、海上事故调查报告

在完成事故调查、原因分析后，主管机关应编写海上事故调查报告。如果事故调查为海上事故安全调查，应依据 IMO《事故调查规则》的规定，调查仅以防止事故再次发生为目的，并且应独立于旨在判明和追究责任的民事、刑事或行政调查。

《事故调查规则》规定，海上事故安全调查报告应当包括以下内容：

1. 海上事故或海上事件的基本事实概述，及说明是否导致任何伤亡或污染；

2. 安全管理证书所列明的船旗国、船东、经营人、公司及船级社情况（但受限于有关隐私的任何国内法律）；

3. 在相关的情况下，任何有关船舶的尺度和动力装置细节，以及对船员、例行工作程序和诸如在船服务时间等其他事宜的描述；

4. 海上事故或海上事件情况的详细陈述；

5. 对引发因素的分析和评论，包括任何机械因素、人的因素和组织因素；

6. 对海上安全调查结果的讨论，包括确认安全问题，及海上安全调查的结论；及

7. 适当时，旨在防止将来海上事故和海上事件的建议。

如果海上事故调查以判明责任为目的，还应当根据当事人是否违章或存在过失、违章或过失行为与事故之间的因果关系以及违章或过失行为在事故中的作用，认定事故是责任事故还是非责任事故。在查明事故原因的基础上，进一步确认当事方对事故应负的责任。

经典案例分析

“深能1”船澳大利亚大堡礁触礁案

2010年4月3日1705时许，中国籍散货船“深能1”船在从澳大利亚格拉斯通港装载68 052 t煤开往中国营口鲅鱼圈途中，误入澳大利亚大堡礁国家公园禁航区触礁搁浅，事故造成该船底部不同程度受损，部分燃油泄漏，部分珊瑚礁受损。

依据澳大利亚交通安全局公布的事故初步调查报告，疲劳驾驶可能是触礁主因。“深能1”船在事发前临时改变航线，重新设计了一条近道。这条近道并非不可取，许多过往船只都走这条航路，并且没有发生过事故。但大副忘了在导航仪上重新设定新的航线，结果在劳累困顿的情况下，在转向点忘记了改向，造成了偏离航道的事故发生。

我国作为“深能1”船的船旗国，由相关海事主管机关参与了此次事故的安全调查，并对事故做出了如下调查和分析：

1. 事故调查分析

1）船舶驾驶人员存在的不安全行为

“深能1”船大副在接班后，未能认真核实船舶航速、风流速度和方向以及风流对船舶航速、航向的影响，虽然查看了画在海图上的新航线，但并没有核对船舶到该转向点的准确距离和准确时间。并且航行0.5 h后，仍未核实上述情况以及船舶所处位置，未做好转向准备工作。最终导致船舶驶过转向点，搁浅在道格拉斯浅滩上。

2）影响上述不安全行为的因素

（1）临时改变航行计划、更改航线，而没有分析更改航线对航行安全的影响。通常情况下，二副制订航行计划、设定航线后，需要请示船长。船长要认真研究航行计划，对航经水域附近的浅礁、浅点、狭水道、通航密集区等做出标注，并提醒驾驶人员注意。本次事故前，二副对航线进行了更改，但船长未对新航线可能造成航行安全方面的后果，即新航线直接对着浅礁航行可能发生搁浅事故进行分析，以提请驾驶员引起足够重视。

（2）大副接班后未认真核算到达新转向点的时间和距离。公司规定沿岸航行0.5h定位一次，大副也计划在1630时在海图上定位，但此时，由于船舶内部工作影响，错过了在1630时定位，大副认为1700时再定位也可以，并且将上述工作交由值班水手（实习驾驶员）来做。

（3）大副对澳大利亚海图之间的衔接具有很小的重复水域的特性不够熟悉，未能及早了解下一张海图的情况。当发现船位已不在本张海图上时，船舶已经进入下一张海图的浅滩区。

（4）大副在事故发生前的72 h内，睡眠不足10 h，在极度疲劳的情况下驾驶船舶。这种疲劳所带来的惰性严重影响其按照操作程序工作，对一些正常的工作产生疏忽。

（5）更改航线后，虽然二副告诉大副未在GPS中输入新的转向点，但未将新的计划航线直接对着浅礁区航行的情况提醒大副，GPS 转向点的提醒功能对一个疲劳的驾驶人员是有作用的，输入转向点的工作对于二副只是举手之劳。

2. 调查发现的问题

1)船舶管理问题

(1)更改航线所产生的航行安全问题。船长应认真分析，提请驾驶人员注意，并且此项工作应按照体系文件的规定去做。

(2)驾驶台管理问题。船员交接班是一项十分重要的工作，交接班的具体工作既要写入安全管理体系文件，又要有监督检查制度，让每个驾驶人员严格执行。

(3)驾驶人员疲劳工作问题。《STCW 公约》规定驾驶人员要有足够的休息时间，但是船长明知大副工作极度疲劳，不满足规定的休息时间，仍然未采取替代工作措施。这种替代工作措施公司应有明确规定。

2)船舶管理公司问题

(1)船员超时工作问题。通过对公司的审核调查，发现该公司所管理船舶的船员超时工作现象比较普遍，但未能引起公司安全管理人员的足够重视，公司安全管理体系文件也未涉及此部分内容，本次事故发生后，一些船舶仍然存在类似问题。

(2)公司存在对船员培训、考核不足问题，并且内部管理不够严格。通过对管理公司的审核发现，一是船员能力评估后的培训再教育存在不足，并且缺少相关记录；二是公司未保存“深能 1”船的稳性报告书和船舶装载手册；三是公司内审工作环节存在问题，船管部未保存 2009 年度公司“内审报告”和“有效性评价报告”。缺乏严格的公司内部管理，势必直接影响对其所管理的船舶进行严格的监督管理。

3)船员能力问题

调查发现，“深能 1”船大副的业务能力和工作熟练程度还需要进一步提高，管理公司内审中也发现其他大副存在类似问题。

3. 安全管理建议

“深能 1”船搁浅事故的发生有许多值得汲取的教训，建议相关管理部门和航运企业充分重视这些问题，全面排查事故隐患，认真研究应对措施，制定行之有效的改进措施，有效避免类似事故的再次发生。

第二节 海难事故与海事立法

很多新技术、新设备都被迅速应用到造船和航海，航海条件得到了改善。在此情况下，船舶的安全性在一定程度上得到了保障。但海难事故仍频繁发生，其原因是多方面的，其中，人为因素占了很大的比例。据统计，所有的海上事故中，约 80%的事故与人为因素有关。

为了预防和避免海上事故，一个重要的途径就是制定技术性的法规。就有关海上安全的国际性成文规章而言，最早可以追溯到《1863 年海上避碰规则》(以下简称《规则》)。《规则》先由英国商务部于 1861 年制定，后经与法国协商补充修改后，于 1863 年开始执行，先后被英国、法国、美国和德国等 30 多个海运国家采用。尽管如此，航海安全技术法规的全面发展始于

20 世纪科学技术迅速发展之后。近代对国际海事组织(IMO)的立法产生直接影响的重大海难事故主要有以下几个:

(一)"泰坦尼克"号沉没事故

1912 年 4 月 10 日,英国大型豪华客船"泰坦尼克(Titanic)"号从英国南安普敦起航,载客 1316 人,船员 885 人。在驶往美国纽约的途中与冰山相撞,于 15 日 2 时 20 分沉没。该船所载 2 201 人中只救起 679 人,其余全都葬身海底,成为当时世界上最大的海难事故。这次海难发生的主要原因有:船体结构存在缺陷;没有专人观察和监视冰山动向;船上的电台没有收听冰情报告而用于拍发私人电报;救生设备不足;求救信号没有世界通用标准等。

这次海难后,人们总结了各方面的教训。1913 年由英国政府倡议在伦敦召开了第一次关于海上人命安全的国际会议,讨论了船舶救生设备、无线电通信、冰区附近航行的减速或转向等事项,会后于 1914 年 1 月 20 日制定了第一个《国际海上人命安全公约》。在 1929 年召开的第二次国际海上人命安全会议上,通过了《1929 年国际海上人命安全公约》。上述两个公约均未生效。

后历经《1948 年国际海上人命安全公约》和《1960 年国际海上人命安全公约》,直到现行适用的《1974 年国际海上人命安全公约》(《SOLAS 1974》)。《SOLAS 1974》于 1980 年 5 月 25 日生效。中国政府于 1980 年 1 月 7 日批准了这一公约,成为该公约的当事国。

(二)"托利·堪庸"船触礁断裂溢油事故

1967 年 3 月 8 日,"托利·堪庸(Torry Canyon)"船在英国东南沿海舵机失灵,船长要求船东施救,但船东为了省钱要求船上自救,结果船在失控中触礁破裂,断成四截,溢出约 100 000 t 原油。由于风浪很大,围油栏难于围住全部溢油,对海域造成了严重污染。最后动用飞机轰炸断裂的油轮,将溢油烧掉。英、法两国为清除污染付出了 1 000 万英镑的巨额费用。

基于此次海难的教训,IMO 制定了《1973 年国际船舶造成污染公约》(MARPOL 1973)和《1978 年海员培训、发证和值班标准国际公约》(《STCW 1978》)两个重要公约。

(三)"艾莫科·凯迪斯"船触礁断裂溢油事故

1978 年 3 月 6 日,超级油船"艾莫科·凯迪斯(Amoco Cadiz)"船在法国布列塔尼海域舵机损坏失控,向岸边不断漂移,船东要求船员自救。当船员无法修复且船越来越向岸边漂移时,船东才不得已同意派拖船救助。但由于风浪大又太靠近岸边,拖缆崩断,该油船触礁断裂,220 000 t 原油全部流入海中,污染了法国 180 km 的海岸,清理费用达 1 亿美元,另有水产损失费 300 万美元、旅游损失费 6 000 万美元。1992 年该案经美国联邦法院判决,船东还要赔偿 2 亿美元。

此次油污事故导致制定了《MARPOL 1978 年议定书》和《SOLAS 1978 年议定书》,并加速了两个公约的生效。

(四)"自由企业先驱"号滚装渡船倾覆事故

1987 年 3 月 5 日,"自由企业先驱(Herald of Free Enterprise)"号从比利时开往英国。计划航行时间为 4 h。据船上报告,本航次载客 463 人、船员 80 人,小车 81 辆、货车 47 辆、其他车 3 辆。当时英吉利海峡风平浪静,滚装客船驶出港后便开始加速,4 min 后在离开港口航道 700 m 处突然倾翻。整个过程只有 1.5 min,人们还未弄清怎么回事,也来不及发出 SOS 求救信号，船就被海水吞没了。

事后调查，船舶倾覆的主要原因是，开航时船首门未关，造成大量海水进入船舱。负责此项工作的木匠睡着了，未去关门。而大副早先看到木匠去过船首，以为船首门已关。船上也没有严格的报告制度，船长没有收到船首门的报告，便以为一切正常即下令开船。其次，船舱内的车辆未固定，船进水后车辆发生移动，加速了渡船的倾覆。再次，当时的滚装客船在管理上非常混乱，开船前的报告总人数为 543 人，出事后救起 409 人、打捞出尸体 188 具，大大超过报告数，究竟装了多少人，没有人知道；虽然总共装了 131 辆车，但车上装了多少货，也没有人知道。

此次事故导致 IMO 于 1989 年 10 月在其第 16 次大会上通过了"关于船舶和陆地管理部门对滚装客船实施安全和防污染管理指南"的决议。该决议第一次对陆地的管理提出了要求。

（五）"埃克森·瓦尔迪斯"船触礁溢油事故

1989 年 3 月 24 日，"埃克森·瓦尔迪斯（Exxon Valdez）"船满载近 200 000 t 原油从美国阿拉斯加的威廉王子港开往长滩港。刚开出不久便在威廉王子湾触礁，8 个油舱破裂，溢出原油超过 50 000 t。因未及时采取措施，溢出油层污染海岸线 1 609 km。当时清理费 22 亿美元、赔偿费 10 亿美元，全部损失约 115 亿美元。

事后调查发现，事故的主要原因是，船在离港前，船长酗酒，引航员下船后，船长把驾驶权交给了还未领取证书的三副操作，自己去睡觉，直到触礁 9 h 后才醒过来。油污事故发生后，溢油控制和清污工作行动迟缓，应急措施不力，扩大了油污的面积。为此，美国政府制定了《1990 年油污法》，后来进一步演变为"油污应急计划"。

（六）"北欧之星"号滚装渡船火灾事故

1990 年 4 月 6 日，从挪威奥斯陆驶往丹麦的"北欧之星（Scandinavian Star）"号载船员 97 人、旅客 396 人（实际大大超员），载小汽车 50 辆、货车 18 辆。7 日午夜，位于车辆甲板上面的旅客甲板走廊起火，使得旅客无法前往救生艇甲板。10 min 后火势变大，船上发出求救信号。3h 后虽有营救人员前往救助，但由于火势太大无法控制局面，船长决定弃船。大火燃烧 19h 后才被扑灭，实际死亡超过 200 人。

经调查，该船于 1990 年 1 月 16 日通过巴拿马政府的客船检查，2 月 5 日英国劳氏船级社进行了法定检验并发给客船安全证书，同月美国海岸警卫队对该船进行了安全检查，认为符合要求。实际上，该船的防火和救生设施不能有效工作；新船东刚接船才 8 天，船舶的一整套管理制度还未建立；新船员一上船即开航，对船舶设备还未了解；再加上船长临场指挥不力，最终酿成惨剧。为此 IMO 提出要制定国际安全和防污染的管理规定，加强船岸联系，于 1993 年 11 月在 IMO 第 18 届大会上通过了 A. 741（18）号决议——《国际船舶安全营运和防止污染管理规则》，简称《国际安全管理规则》（《ISM 规则》）。为了保证《ISM 规则》的广泛执行，IMO 于 1994 年 5 月的《SOLAS 公约》外交大会上通过了新增《SOLAS 公约》第九章"船舶安全营运管理"，将《ISM 规则》纳入该章，使之具有法律强制力。

第三节 船舶安全管理

一、船舶安全管理的主要途径

船舶安全管理的途径主要有法律强制性要求、行业自律、民间性商业检查等。

(一)船舶管理的法律依据

1. 国际海事组织的规范性文件

国际海事组织(IMO)是联合国负责海上航行安全和防止船舶造成海洋污染的一个专门机构,总部设在伦敦。1948 年在联合国支持下通过了《政府间海事协商组织公约》,1959 年 1 月 17 日在英国伦敦正式成立政府间海事协商组织,并召开了第 1 届大会。1982 年 5 月 22 日更名为国际海事组织,现有正式成员超过 160 个。

IMO 的宗旨和任务是:促进各国间的航运技术合作,鼓励各国在促进海上安全、提高船舶航行效率、防止和控制船舶污染方面采取统一的标准,处理与航运有关的法律问题。其主要活动是:制定和修改有关海上安全、防止船舶污染、便于海上运输和提高航行效率以及与之有关的海事责任方面的公约、规则、议定书和建议案,交流这方面的实际经验和海事报告。

IMO 的最高权力机构是 IMO 大会(Assembly),由全体成员国组成。大会每两年召开一次,改选理事会和主席。大会休会期间由理事会(Council)行使大会的职权。

理事会是 IMO 的重要决策机构。IMO 理事会共有 40 名成员,分为 A、B、C 三类:10 个 A 类理事国为在提供国际航运服务方面有最大利害关系的国家,如中国;10 个 B 类理事国为在国际海上贸易方面有最大利害关系的国家,如加拿大;20 个 C 类理事国为在海上运输或航行方面有特殊利害关系并能代表世界主要地理地区的国家,如埃及。当选主席和理事国任期两年。中国于 1973 年恢复在 IMO 中的成员国地位,曾在该组织第 9 届至第 15 届大会上当选为 B 类理事,并自 1989 年第 16 届大会起当选为 A 类理事。

IMO 常设机构有:海上安全委员会(MSC)、海上环境保护委员会(MEPC)、法律委员会(LEG)、技术合作委员会(TC)、便利运输委员会(FAL)。其中,海上安全委员会下设 7 个分委会:船舶系统与设备分委会(SSE),船舶设计与建造分委会(SDC),航行、通信与搜救分委会(NCSR),防污染及应对分委会(PPR),货物和集装箱运输分委会(CCC),IMO 文件实施分委会(III)和人为因素、培训和值班分委会(HTW)。

IMO 主要通过制定其具有强制力的规范来推动、影响缔约国和有关组织,如公约、议定书、规则、决议和通函等。到目前为止,由 IMO 制定并负责保存的国际公约和议定书有 40 个左右,大部分已生效。其中,IMO 最著名的三大公约是《1974 年国际海上人命安全公约》(《SOLAS 1974》),《73/78 国际防止船舶造成污染公约》(《MARPOL 73/78》)和《1978 年海员培训、发证和值班标准国际公约》(《STCW 78》)。IMO 的上述三大公约与国际劳工组织(ILO)的《2006 年海事劳工公约》一起被称为海事法规体系的“四大支柱公约”。

在很长一段时间内,国际海事组织将“航行更安全,海洋更清洁(Safer Shipping,Cleaner Oceans)”确定为其追求的目标。但是,现在该目标已改变为“清洁海洋上安全、安保和高效的航运（Safe, Secure and Efficient Shipping on Clean Oceans）”。可以看出，IMO 已将“安保”与“安全”、“防污染”这两个传统主题并列，将“保安职责”全面纳入海员的培训内容。同时，“高效的航运”已经成为 IMO 新的追求目标，IMO 已经认识到航海科技发展是实现“高效的航运”的重要技术保障。

2. 国际劳工组织的规范性文件

1919 年，根据《凡尔赛和约》，国际劳工组织（ILO）成立，作为国际联盟的附属机构。1946 年 12 月 14 日成为联合国的一个专门机构。ILO 在成立之后颁布了几十个保护海员权益的公约。

在 2006 年 2 月召开的 ILO 第 94 届大会暨第 10 届海事大会上，《2006 年海事劳工公约》获得通过。该公约是 ILO 在综合和修订了现有 68 个公约和建议书的基础上制定的新的综合性海事劳工公约，它建立了统一的国际海事劳工标准。

该公约通过强制规范海员的最低年龄、体检证书、培训和资格、招募与安置、工作或休息时间和其他社会权益以及检查与发证、港口国检查、船上及岸上投诉程序等要求，从一个侧面为船舶的安全操作提供了保障。

3. 国内法规

除了国家间以条约的形式颁布的公约等规范性文件之外，海运国家还在国内制定了相应的规范性文件，如我国的《海上交通安全法》、《海洋环境保护法》、《防治船舶污染海洋环境管理条例》、《船员条例》、《船员培训管理规则》、《海船船员适任考试和发证规则》等。

这些国内立法，一方面是当事国为履行国际公约而制定的国内配套法规，另一方面也是当事国依据本国情况制定的特别规定，完善了国内海事安全管理体系。

（二）船舶管理的途径

1. 强制性管理

1）船旗国检查

船舶所悬挂的国旗，是船舶所属国籍的标志。船舶的各项行为要对船旗国负责，同时受船旗国法律的约束和保护。船旗国检查（Flag State Control，FSC）属于船舶安全检查范畴，是指各国法律、法规等授权的机关、机构为保障海上人命财产安全和防止船舶污染，对船舶及其设备的技术状况和船舶人员配备、操作及其工作和生活条件等依规定程序所进行的监督检查。其中，各国主管机关依据本国的法规对在本国港口的本国船舶实施的安全检查，属于船旗国监督。

船旗国检查的实施机关为船旗国的主管机关，在我国为海事局。根据法律、法规的授权，海事局负责行使国家海上安全监督和防止船舶污染、船舶及海上设施检验、航海保障管理和行政执法，并履行交通运输部安全生产等管理职能。中华人民共和国海事局的主要职责包括：

（1）拟定和组织实施国家海上安全监督管理和防止船舶污染、船舶及海上设施检验、航海保障以及交通行业安全生产的方针、政策、法规和技术规范、标准。

（2）统一管理海上安全和防止船舶污染。监督船舶所有人安全生产条件和水运企业安全管理体系；调查处理海上交通事故、船舶污染事故及海上交通违法案件；归口管理交通行业安全生产工作。

（3）负责船舶、海上设施检验行业管理以及船舶适航和船舶技术管理；管理船舶及海上设施法定检验、发证工作；审定船舶检验机构和验船师的资质，审批外国验船组织在我国设立代表机构并进行监督管理;负责中国籍船舶登记、发证、检查和进出港(境)签证;负责外国籍船舶出入境及在我国港口、水域的监督管理;负责船舶载运危险货物及其他货物的安全监督。

(4)负责船员、引航员适任资格的培训、考试、发证管理。审核和监督管理船员、引航员培训机构资质及其质量体系,负责海员证件的管理工作。

(5)管理通航秩序、通航环境。负责禁航区、航道(路)、交通管制区、港外锚地和安全作业区等水域的划定;负责禁航区、航道(路)、交通管制区、锚地和安全作业区等水域的监督管理,维护海上交通秩序;核定船舶靠泊安全条件;核准与通航安全有关的岸线使用和水上水下施工、作业;管理沉船沉物打捞和碍航物的清除;管理和发布全国航行警(通)告;审批外国籍船舶临时进入我国非开放水域;负责港口对外开放有关审批工作以及中国便利运输委员会日常工作。

(6)航海保障工作。管理沿海航标、无线电导航和海上安全通信;管理海区港口航道测绘并组织编印相关航海图书资料;归口管理交通行业测绘工作;组织、协调和指导海上搜寻救助,负责中国海上搜救中心的日常工作。

(7)组织实施国际海事条约;履行船旗国及港口国监督管理义务,依法维护国家主权;负责有关海事业务、国际组织事务和有关国际合作、交流事宜。

(8)组织编制全国海事系统中长期发展规划和有关计划;负责船舶港务费、船舶吨税等有关管理工作。

与我国海事局相类似,在海上安全管理中影响较大的船旗国机构有美国、加拿大的海岸警卫队,澳大利亚的海运安全局,日本的海上保安厅等。

2)港口国检查

大多数的船旗国,特别是方便旗国家在本国之外并没有大量的履约资源,无法对航行在国外的本国船舶进行有效的监管。港口国检查(Port State Control,PSC)协助船旗国对其船舶进行管理,也属于船舶安全检查范畴,现被公认是保障公约完全一致实施的最有效手段。

PSC 已扩展到对船员的操作性检查,从而将船旗国、船级社、船公司、船舶和船员的不尽职和不合格全部置于 PSC 的检查范围中,公约和有关规则就成了 PSC 的统一标尺。一些重要公约的不优惠条款,通过 PSC 使非缔约国无法逃避公约的要求。PSC 滞留船舶的主要原因是船舶的保养和管理的落后,不可信的检验水平,不适当的船旗国管理,消防设备和航海设备的缺陷等。PSC 组织定期公布被滞留船舶名单(黑名单),内容包含船名、IMO 船舶识别号、船旗国、船级社和船公司名称以及主要原因。这促使各方为维护其声誉和经济利益努力改善管理,从而使船舶营运安全、港口国水域的交通安全和海洋环境得到保障,使 IMO 的愿望成为现实。

确切地说,PSC 是对船旗国监督的一种补充管理措施。就某一从事国际航行的船舶安全管理来说,承担主要监督责任的当然是船旗国;但由于该国际航行的船舶经常不挂靠国内港口,船旗国对本国籍船舶就难以适时实施有效的安全监督。在这种情况下,同时实施港口国监督将协助船旗国对其船舶实施有效的安全监督。

2. 非强制性管理

1)行业组织

国际海运界有许多行业组织,是除船旗国、港口国以外的又一支安全管理力量。行业组织虽然不受 IMO 的公约约束,但海上安全、保护海洋环境以及船舶保安的共识及其切身利益,使他们与 IMO 得以良好合作。IMO 通过对行业组织施加影响,使其遵循或参照 IMO 的要求,对组织内的成员、船舶实施管理或影响。

例如，在IMO颁布《ISM规则》之前，国际航运公会（ICS）和国际海运联盟（ISF）就已争取到了其他行业组织的支持，拟定了《ISM规则》的应用指南，以方便公司执行，直接配合了IMO的工作。ICS和ISF的支持者包括：波罗的海国际航运公会（BIMCO），国际干散货船东协会（INTERCARGO），国际独立油轮船东协会（INTERTANKO），石油公司国际海运论坛（OCIMF），国际气体运输船和码头经营人协会（SIGTTO），以及国际船级社协会（IACS）。

再如，国际海上保险联盟（IUMI）针对低标准船和海上事故的增多，发动其成员对一些不负责的船级社检验的船舶提高保险费率，促使船东和船级社重视船舶技术状况，间接地协助了IMO。国际运输劳工联合会（International Transport Workers Federation，ITWF）关注其会员和非会员的安全、职业健康和最低工资额，努力创造良好的船员工作条件，这显然有利于船员的身心健康和海上安全。类似的行业组织还有：国际船东协会（INSA），亚洲船东论坛（ASF），国际海上引航员协会（IMPA），国际海难救助联盟（ISU），国际保赔协会（P&I Group），国际船舶管理者协会（ISMA）等。

2）船级社

船级社最早产生于英国。18世纪，英国伦敦泰晤士河畔设有若干咖啡馆，从事船舶生意的人们常在此聚谈。其中营业最盛者是爱德华·劳埃德，所有船舶和货物保险大部分在该咖啡馆办理，于是形成了海上保险的中心。由于保险需要了解船舶的技术状况，劳埃德遂于1760年成立了劳埃德船级社。初期的验船师大多是退休的船长和船上的木匠，他们实施船舶检验并把船体技术状况划分为不同的等级，由船级社向受检的船舶签发船级证书，船方向船级社支付相应的费用。船级社签发船级证书并不是法律法规的强制性要求，但船舶保险和租船等商业活动均需要了解船舶的技术状况。因此，代表船舶技术状况等级的船级证书是从事商业营运船舶的必备证书。

劳氏船级社成立以后，鉴于船级社的作用和实际需要，各航运发达国家以及有些发展中国家也相继成立了自己的船级机构，以便发展航运事业和增强国际竞争能力。迄今世界上已有近50家船级社。

船级社属于民间组织，不具有政府的行政职权。但鉴于其拥有雄厚的技术力量，船旗国政府根据有关法令及其缔结的国际公约，授权船级社代表其实施法定检验并签发法定证书。

二、船舶安全管理的主要手段

（一）法制

依法治理安全属于“管理”要素，有利于社会和行业大量消除宏观的和微观的不安全因素。事故对人命和环境、经济和社会具有灾难性，因此对涉及安全的重要关系、行为、状态的管理必须强制。法制，包括立法、执法及其体系。安全立法是促进安全的法律、法规、规则、规章和公约的总和，具有普遍性和强制性。船舶安全立法的普遍性在于有关的行政部门、船公司、自然人和船舶都必须执行，其强制性由行政机关和司法机关依法保证。

（二）行政

行政是指关于国家政务的管理活动，具有政治、经济、文化、社会等职能。船舶安全管理事务由行政部门主管。这些部门有港务监督、交通行业主管机关等。它们是行政法的执行者和监督者，依法管理船舶安全的各类事务，即用行政权力在其管辖范围内保证船舶安全管理处于良好状态。公司内部的行政管理则属于企业管理。

（三）安全系统工程

安全系统工程是系统科学知识和技术在安全领域内的具体应用，是系统工程的组成部分。安全系统工程将船舶安全管理事务的时序、逻辑、相关知识有机地组合，有效地服务于安全管理目标。

（四）管理标准化

国际标准化组织（ISO）于1994年发布了ISO9000系列标准。ISO9000采用了系统工程方法、闭环管理原理和现代管理科学的其他精华。按ISO9000要求建立的质量体系必须由需方或第三方审核，保证其满足全面性、系统性、预控性、过程化和程序化的要求。是否通过ISO9000认证现已成为产品和服务质量的象征。IMO鉴于ISO9000的优越性，于1987年即运用其原理制定海上安全管理的质量标准，并于1993年11月通过了《ISM规则》，使从事国际航运的公司和船舶的安全管理得到保障和统一。

（五）安全行为科学

船员和公司岸上人员对安全的影响的关键在于素质和行为。安全行为科学是行为科学的组成部分，研究人的安全行为的一般规律。安全行为科学的主要任务是解释、预测和控制人的不安全行为。掌握和运用安全行为科学，能够从人的行为原理分析人为失误的原因，寻求适当的预测和控制方法；从职业适应性角度设计人员遴选标准和培训标准；用行为激励理论激励安全行为的产生；发挥领导行为、群体行为、人际关系及沟通对安全的积极影响作用。

（六）安全教育

安全教育是用教育手段提高人员安全素质的过程，是提高员工管理和操作行为水平的基本途径。安全素质包括职业道德素质、身心素质和技术素质。职业道德素质教育包括忠诚、敬业、献身精神的培育。身心素质教育，主要是掌握机体和心理的适应知识及如何应对，使在平时能和谐地处理人与机（物）、人与环境的关系，遇到突发事件或事故时能沉着冷静地处理，避免错误逃避或无谓牺牲。技术素质教育，是对安全意识、知识和技能的教育。

（七）安全文化建设

安全文化建设主要是用安全文化的渗透力和影响力辅助安全管理。文化，是人类在社会历史发展过程中所创造的物质财富和精神财富的总和。安全文化是人类社会发展过程中，在生存实践领域内，为保障人类的身心安全并能安全、舒适、高效地从事一切活动，预防、避免、控制和消除灾害、事故和疾病，建立起的安全可靠的人与物的关系、安全和谐的环境及相应的安全体系，即物质安全文化和精神安全文化。物质安全文化即安全物质财富，包括安全系统、设备和装置，安全防护工具、用品和材料，乃至人对自然出于安全目的的改造工程等。精神安全文化即安全精神财富，包括价值规范、精神智能（素质、心态）、管理制度等。

可见，安全文化是在文化层面上与安全科学四大基本要素相呼应，通过安全文化建设能辅助安全管理。安全文化建设的内容很多，但要求从机和环境角度提供安全保障，人、机和环境能和谐相处；使每个人具备良好的安全素质和严谨的工作作风，始终奉行安全方针，遵循安全管理体系，在工作中有时刻保证安全的警觉，有足够的知识和技能及时准确地判断和处理不符合项、险情和事故。

(八) 安全经济学

安全经济学,是研究安全的经济意义、经济活动和经济发展与安全生产之间关系的学科,是安全科学与经济学的交叉学科。对于船公司,重在关注安全投入与经济效益之间的关系。任何安全方案和措施的实施都要消耗人力、物力和财力,都会受到经济条件的制约,而任何安全体系及其整体安全性的提高的条件之一是创造更多的经济效益。海运是高风险行业,不在技术和管理方面做必要的安全投入就会发生事故等,其对经济效益的负面影响是显而易见的。但如何投入,如何分析与评价,则需要安全经济学的协助。

思考题

1. 什么是海上事故和海上事件?
2. 什么是海上事故调查?
3. 在海事调查中,调查官有哪些权利和义务?
4. 在海事调查中,海员有哪些权利和义务?
5. 试举例说明严重海难事故对国际海事立法的影响。
6. 船舶安全管理的主要途径有哪些?
7. 船舶安全管理的法律依据有哪些?
8. 船舶安全管理的主要手段有哪些?

第八章 安全文化与安全价值观

安全文化是体现在团队和个人中的某种特征和态度的总和。因此,航海安全文化既是海员的态度问题,又是船舶安全管理的体制问题,既关系到船舶和公司等团体,又关系到海员个人,是体制和个人的有机结合。安全文化是落实船舶安全制度、保障船舶安全的文化基础。

第一节 安全哲学观简述

安全哲学是人类安全活动的认识论和方法论,是人类安全科学技术的基础理论,是安全文化的灵魂,也是安全管理理论的核心。人们要自觉地遵守安全规章、保障生产和操作安全,就必须深刻地理解安全哲学的基本内涵。

一、安全哲学的发展历程

(一)早期的宿命论与被动型的安全哲学观

在17世纪之前,人类对安全的认识是宿命论的,方法论是被动承受型的。这样的认识论与方法论表现为,对于事故和灾害听天由命,无能为力;认为命运是老天的安排,神灵是人类的主宰,对于自然与人为的灾难和事故只能被动地承受。

(二)经验论与事后型的安全哲学观

从17世纪末期至20世纪初,随着生产方式的变更,人类进入了早期的工业化社会,事故与灾害类型复杂多样,后果也更加严重。此时,人类进入了局部安全认识阶段,能够从事故与灾难的经历上来认识人类安全,有了与事故抗争的意识,学会了"亡羊补牢"的手段。例如,建立和发展了发生事故后"原因不明不放过、当事人未受教育不放过、整改措施不落实不放过"

的“三不放过”原则，事故统计学的致因理论研究，事后整改对策的完善，管理中的事故赔偿与事故保险制度等。但这仍然是一种头痛医头、脚痛医脚的对策方式。

（三）系统论与综合型的安全哲学观

从20世纪初至20世纪50年代，建立了事故系统的综合认识，认识到了人、机、环境、管理的事故综合要素，主张工程技术硬手段与教育管理软手段的综合措施。其具体思想和方法有：全面安全管理的思想、安全与生产技术统一的原则、讲求安全人机设计、推行系统安全工程以及各类责任制等，从而能够在方法论上推行安全生产与安全生活的综合型对策。

（四）本质论与预防型的安全哲学观

从20世纪50年代以来，人类进入了信息化社会。随着高新技术的不断应用，人类在安全认识论上有了自组织思想和本质安全化的认识，方法论上讲求安全的超前、主动，具体表现为：从人与机器和环境的本质安全入手，人的本质安全不但要解决人的知识、技能、意识素质，还要从人的观念、伦理、情感、态度、认知、品德等人文素质入手，从而提出安全文化建设的思路；物和环境的本质安全化就是要采用先进的安全科学技术，推广自组织、自适应、自动控制与闭锁的安全技术，推行安全目标管理、无隐患管理、安全经济分析、危险预知活动、事故判定技术等安全系统工程方法。

二、我国古代哲学思想的启示

可以看出，现代的安全哲学已经从早先的“事中救灾”和事后“亡羊补牢”，发展到现在的“事先预防”。

安全是为了趋利避害，通过预防不使危害发生。危害发生时的补救，只能减少危害的程度，但危害已不能避免。危害发生后的惩戒，有利于未来危害的预防和避免，但此次危害的后果已经产生。不难看出，在安全经济学上，预防是最优化的方法论。

实际上，“事先预防”的安全哲学观在我国自古就有。东汉政论家荀悦在总结军事和政治方法论时，曾总结出：“进忠有三术：一曰防，二曰救，三曰戒。先其未然谓之防，发而止之谓之救，行而责之谓之戒。防为上，救次之，戒为下。”

荀悦的这一论断就是安全管理的三种办法：第一种是在事故未发生之前做好戒备，进行预防；第二种是在事故征兆刚出现时，及时采取措施加以制止，进行补救；第三种是在事故发生后再行责罚，进行惩戒。荀悦认为，凡事预防为上策，补救为中策，惩戒为下策。他的这一论断应用到安全哲学上，也是睿智的方法论。

三、“预防为上”的理性认识

事故具有随机性和相对性，并非不采取预防措施就一定会发生事故，而采取预防措施就一定不会发生事故。因此，预防的效果是潜隐的和抽象的。这使得单凭朴素的感性认识很难准确理解“预防”对安全保障的作用。下面这个关于“良医治未病”的典故反映出了这一现象。

春秋时期的神医扁鹊兄弟三人的医术都很高明。有一次，魏文王问扁鹊：“你们家兄弟三人，谁医术最高明？”扁鹊答道：“大哥最好，二哥次之，我最差。”魏文王不解：“那为什么你名气最大？”扁鹊解释：“我大哥治病，是治于未发之前。一般人不知道他事先能铲除病根，他的名气也就无法传出去。我二哥治病，是治病于初起之时。一般人以为他只能治些小病，所以他的名气只传于乡里。而我治病，是在病人病情严重之时，所以大家认为我的医术高明，名气因此传遍全国。”

反过来看，“事中救灾”的效果形象、直观和具体，便于人们的感性认识，救灾者往往被视为英雄。《汉书 · 霍光传》里记载了一个“曲突徙薪”的典故。有个人到朋友家去做客，见主人家的烟囱是直的，灶边又堆了不少柴薪，觉得这样很危险，向主人建议说：“你这烟囱要改成弯曲的（即“曲突”），柴薪要搬到远处去（即“徙薪”），不然容易发生火灾啊。”主人不以为然。不久，主人家果然失火，亏得邻居及时赶来把火扑灭，才没有造成更大的损失。事后，主人杀牛摆酒，酬谢前来救火的邻居。他特地请那些被火烧得焦头烂额的人坐在上首，其他的则按照出力大小安排座次，偏偏没有请不久前建议他改砌烟囱、搬走柴薪的那位客人。席间，有人对主人说：“如果当时你听从那位客人的话，把烟囱改砌成弯曲的，并把柴薪搬到远处，那么就不会失火，也就不必杀牛摆酒了。今天你论功请客，却把你那位客人忘了。”主人听了这番话，顿时省悟过来，马上把那客人请来，并奉他为上宾。

这个典故正是反映了人们对“事中救灾”的强烈感性认识和对“预防为上”理性认识的缺失。“主人”在被提醒后将“客人”请来并奉为上宾，并不是因为“主人”对“预防为上”有了深刻的理性认识，而是因为火灾已经发生，使他在听从预防建议的平安与无视预防建议的灾难之间看到了活生生的区别，也看到了可以避免火灾的“曲突徙薪”建议的具体价值，对“预防为上”有了感性上的认识。

如前所述，这种对“预防为上”的感性认识基于事故发生后所看到的区别。但是，这种感性认识的获得来源于失败的安全保障，这正是我们所要努力避免的。成功的安全预防不会使事故发生，也就无法使人看到这种形象和直观的区别，也无法获得对“预防为上”的这种感性认识。

无法直观地看到“预防”的积极效果并非没有效果。“预防”的效果是通过长期和大范围的统计和比较才能显现出来的。从事故的必然性和普遍性来看，安全预防的缺失必然导致更多事故的发生。这是我们所需要的对“预防为上”的理性认识。

航海是一个充满风险的古老职业，安全是航海的基础。“预防”是保证航海安全最明智、最根本、最重要的安全哲学方法论。“一个技艺高超的海员不会使需要其高超技艺的局面出现。”这是一位船长对航海安全的经验总结，与扁鹊对医术的认识一样，是对安全哲学观的深刻理解和归纳。

第二节　安全文化

一、文化概述

文化是一个非常广泛的概念。笼统地说，文化是一种社会现象，是人类社会长期创造形成的产物。文化同时又是一种历史现象，是社会历史的积淀物。确切地说，文化是指一个国家或民族的历史、地理、风土人情、传统习俗、生活方式、文学艺术、行为规范、思维方式、价值观念等多个方面的总和。

广义上说，文化就是人类在社会历史发展过程中所创造的物质和精神财富的总和，包括物质文化、制度文化和心理文化三个方面。物质文化是指人类创造的种种物质文明，包括交通工具、服饰、日常用品等，是一种可见的显性文化；制度文化和心理文化分别指生活制度、家庭制度、社会制度以及思维方式、宗教信仰、审美情趣，它们属于不可见的隐性文化，包括文学、哲学、政治等方面的内容。狭义的文化是指人们普遍的社会习惯，如衣食住行、风俗习惯、生活方式、行为规范等。

文化的内部结构包括物态文化、制度文化、行为文化、心态文化等几个层次。

物态文化层是人类的物质生产活动方式和产品的总和，是可触知的具有物质实体的文化事物。

制度文化层是人类在社会实践中组建的各种社会行为规范。

行为文化层是人际交往中约定俗成的以礼俗、民俗、风俗等形态表现出来的行为模式。

心态文化层是人类在社会意识活动中孕育出来的价值观念、审美情趣、思维方式等主观因素，相当于通常所说的精神文化、社会意识等概念。这个层次是文化的核心。

二、安全文化的基本内涵

面对工业社会中经历的各种各样的事故痛苦，人们不断提高操作者的安全知识、安全技能、安全意识，安全度也不断提高。但在经过深刻的反省和系统科学的分析后，人们发现，在对事故致因的认识中，对于“人为因素”的认识还存在着深层次上的欠缺，这就是在上述安全措施之外，还应正视操作者的观念、态度、品行、道德、伦理、修养等更为基本和深层的人文因素和人文背景。这些因素的全面归纳，就是安全文化。因此，有专家将安全文化定义成“人类在生产生活的实践过程中，为保障身心健康安全而创造的一切安全物质财富和安全精神财富的总和”。

国际原子能机构（IAEA）的国际核安全咨询组（INSAG）在 1986 年提出了安全文化的概念，并于 1991 年发表《安全文化》的报告，其中对安全文化给出了适用于核工业的相对狭义的定义：“安全文化是存在于单位和个人的种种特征和态度的总和，它建立超出一切之上的观念，即核电厂安全问题。由于它的重要性而必须保证得到应有的重视，即是指从事任何与核电厂核安全相关活动的全体工作人员的献身精神和责任心。”

英国健康安全委员会核设施安全咨询委员会（HSCASBI）对国际核安全咨询组的定义进行了修正，认为：“一个单位的安全文化是个人和集体的价值观、态度、能力和行为方式的综合产物，它决定于安全健康管理上的承诺、工作作风和精通程度。”

国际劳工组织（ILO）在 2003 年第 91 届国际劳工大会上提出了“国家预防性安全与卫生文化”的概念，即国家预防性安全与卫生文化是使享有安全与健康的工作环境所在的级别受到尊重的文化，政府、雇主和工人可通过一种界定权利、责任和义务的制度积极地参与，确保一种安全和健康的工作环境，而且预防原则被赋予了最高的优先权。建立并保持一种预防性安全与卫生文化，就要求利用所有可能的手段，以提高对危害和危险概念的普遍认识、知晓和理解以及如何才能对它们加以预防或控制。

上述国际劳工组织的“国家预防性安全与卫生文化”的概念可以简单描述为“组织和个人的信念、价值观、态度和行为方式的集合，因而‘预防’被给予了最高的优先权”。国际劳工组织认为：“雇主和工人的安全与卫生认识水平或意识水平，是确保工作场所的安全与卫生的一个关键因素。因而，创立并促进作为一种企业文化、家庭文化或社区文化的安全文化是重要的。”

在全面探讨和推进安全文化的同时，人们又提出了“全面安全文化”（Total Safety Culture）的观点，并认为全面安全文化的最终结果应该实现“四不伤害”，即不伤害自己，不伤害他人，不被他人伤害，不愿他人受到伤害。

国家安全生产监督管理总局将安全文化列为安全生产的五大要素之首。这五大要素是：

一是安全文化，即加强安全文化建设，强化全民的安全意识，提高全民的安全素质；

二是安全法制，即健全安全法制，依法规范全社会的安全行为；

三是安全责任，即强化安全责任，建立严格的安全生产责任制和问责制；

四是安全科技，即推进安全科技进步，实施“科技兴安”战略，解决影响安全生产的重大科技问题；

五是安全投入，即加大安全投入，建立国家、地方、企业共同投入的机制。

大多数海上事故涉及了人为因素。抓住了“人”的问题，安全工作也就迎刃而解，而安全文化正是解决这个问题的重要保证。明确了事故根源和解决这个根源的途径，也就明确了安全文化在安全生产中的作用。安全文化把航海安全管理中的要求服从管理的“要我安全”转变成自主管理的“我要安全”，从而提升航海安全管理和操作的境界。

总之，尽管有广义和狭义之说，但从其产生和发展的历程来看，安全文化所涉及的深层次的内涵仍属于“安全教养”、“安全修养”或“安全素质”的范畴。也就是说，安全文化主要通过“文之教化”的作用，将人培养成具有现代航运所要求的具有安全情感、安全价值观和安全行为表现的人。

经典案例分析

“盛鲁”船火灾沉没案

1999 年 10 月 17 日 0310 时，滚装客船“盛鲁”船经大连港监签证，载乘客 126 人、船员 36 人、各种车辆共 38 台，驶离大连港开往烟台。每辆车的车轮均有木楔固定，部分车辆用固定链条加固。“盛鲁”船总体未超载，但后来查明，在所装运的 38 辆车中，至少有 22 辆超载，其实载量是额定载重量的 216%。1999 年 9 月，“盛鲁”船换发适航证书，限定只能在 7 级风以下航行。

开航时，港区内西北风 5~6 级，轻浪，视线良好。在航行过程中，“盛鲁”船曾为减少横摇和避让渔船而几次使用较大舵角改变航向，导致“盛鲁”船出现较大横倾。0545 时，水手长到驾驶台向大副了解横摇原因后，大副让他同一水再次到汽车舱巡舱。0548 时，水手长和一水走到一层甲板，发现上甲板的逃生孔有黑烟冒出，二人接着沿旅客通道向汽车舱楼梯跑去，在通道的中间平台发现二层车辆甲板浓烟很大，并向后扩散。他们无法继续下舱，急忙跑回驾驶台报告。船长接报告上驾驶台后，鸣火警警报，令机舱人员开消防泵，下令备车，右满舵，组织人员救火。

0600 时，船长决定返回大连港。在船员没有进入汽车舱探明火情亦未关闭通风装置的情况下，消防水从上甲板逃生孔向舱内喷射，两层汽车舱喷淋系统全部启动，对整个一层、二层车辆甲板喷水灭火。0630 时，船体右倾加剧。0636 时，减速、前进二。0645 时，舵机失灵，但始终没有启用应急舵；同时，驾驶台断电，机舱人员将主机停车。

0656 时，船长下令弃船，开始释放救生艇筏，由客运主任、部分船员组织旅客离船，但组织混乱。船员没有打开气胀式逃生滑梯而让旅客直接从 10 m 的高度跳水，致使乘客一人在落水后死亡，另外一人失踪，多人受伤。

0659 时，船长下令抛双锚。0700 时，火势加剧，船体右倾 6°至 7°。由于烟雾报警系统平时经常发出误报警，因而处于被关闭状态。在事故发生的整个过程中，烟雾报警系统始终没有发挥作用。0820 时，船长等最后一批船员上左舷救生艇离船，船体右倾 10°左右。附近渔船已将部分旅客救起。但船员下船时喷淋泵和消防泵还处于工作状态。1030 时船只沉没。当时所在海域西北风 7~8 级，浪高 4~5 m。

事后经大连港公安局认定，由于风浪和避让渔船，船体发生剧烈的摇晃，致使汽车舱的汽车倾翻、碰撞，电气线路打火，从而引发火灾。

三、船舶安全文化包含的基本内容

船舶安全文化是安全文化在船舶安全中的具体化，关系到海员在船舶安全操作中的精神风貌、经济目标、行为准则、作业环境以及员工对安全的意识、信念、价值、规范等，是一种多层次的复合体，是安全价值观和安全行为准则的总和，主要包括精神文化、物质文化、制度文化、行为文化，其核心是精神文化。

（一）以安全意识、哲学思想及核心价值观为核心的精神文化

船舶安全精神文化又叫船舶安全文化的精神层，是指在船舶安全文化的建设及发展过程中，用以指导船舶开展安全管理的哲学思想、群体意识和价值观念的总和。安全意识、安全哲学思想及安全核心价值观构成了船舶安全管理的理念，是精神文化的核心内容。安全意识是指能够反映职工安全意愿和行为的认知体系，是支配作业人员处理安全行为方式和能力的真实体现。船舶安全的哲学思想是从实践中提升出的世界观和方法论，具体回答的是船舶在生产实践中应采取何种立场、观点、态度及方法；安全核心价值观是船舶在安全生产中所推崇的基本信念和目标，是船舶安全文化的一项基本内容。

（二）以各项安全法规、条例、制度为主要内容的制度文化

船舶安全制度文化又叫船舶安全文化的制度层，包括国际、国家、行业、企业等各部门的安全法规、方针政策、规章制度的制定及具体实施，主要包括三个层次的含义：

一是指法律、法规及各类制度本身，主要指各级主管机构制定的各类安全法规、政策和规章制度等。例如，IMO 制定的《SOLAS 公约》、《国际海上避碰规则》，我国的《海上交通安全法》等。这是船舶安全管理的制度保障，是船舶制度文化的外壳。

二是指各项安全管理机制，包括：船舶安全管理体系所要求的安全责任网络，岗位职责及工作标准，各类体系规范，工作程序以及与安全工作相关的考核机制、激励机制等方面的内容。这是各项安全制度得以实施的保障。

三是对各项规章制度的具体实施。这是制度文化建设的关键一环，要使制度文化落到实处，必须做到有法必依、执法必严、违法必究，把各项法规、制度完整地落到实处。

(三)以领导行为、模范人物行为及船员群体行为为重点的行为文化

船舶安全行为文化又叫船舶安全文化的行为层,是船舶精神面貌、人际关系的动态体现。从人员角度来分,船舶的行为文化主要包括领导行为、模范人物行为及船员群体行为。

领导行为是船舶行为文化的重要组成部分。由于岗位权力等因素,领导行为具有言传身教的导向作用,不仅影响到整个组织的凝聚力、影响力及创新力,也决定着船员群体行为发展的方向与走势。

模范人物行为的影响力主要靠模范人物自身的人格魅力,是船舶安全哲学思想、核心价值观的人格化,具有较强的影响力与凝聚力。

船员群体行为的塑造不能简单理解为组织船员政治思想学习、企业规章制度学习、科学技术培训以及各种文体活动,还包括激励全体员工的智力、向心力和吃苦奉献、同舟共济的精神,包括努力把船员个人的工作同自己的人生目标联系起来,建立共同愿景,促进团队协作等。

(四)以安全文化阵地、设备设施为对象的船舶安全物质文化

船舶安全物质文化又叫船舶安全文化的物质层,其显著特点是以物质为载体,是船舶安全文化的物质基础,是一种以物质形态为主要研究对象的表层文化。主要包括安全文化阵地和安全设备设施等方面。安全文化主要通过文化的渗透提高人的安全价值观和规范人的行为,而这种渗透的过程离不开各种有形的载体、阵地,这些载体、阵地就是安全文化阵地。可以说,安全文化阵地是沟通教育者与被教育者的桥梁,是连接教育内容与教育对象的媒介。

安全设备设施主要指保证船舶安全生产必需的设施设备以及一切与安全相关联的物品,主要包括船体、通导设备、甲板机械设备、系泊设备、机电设备、燃油、备件以及用于维护的必需的工具等。强调船舶安全文化的物质内涵,最终的目的是强调船舶在航行和操作过程中的安全效用和服务效用。对船舶来说,强调设施设备归根到底就是要强调保证投入运行的船舶达到必需的技术标准,并始终保持着良好的适航状态。

四、船舶安全文化的基本功能

安全文化是集体和个人在安全生产中的价值观、态度、能力和行为方式的综合产物,对于船舶而言,就是船舶航行和操作过程中,保护物的安全和人的健康、尊重人的生命、实现人的价值的文化。船舶安全文化是安全文化在船舶安全管理领域的应用中形成的安全管理文化,是船舶在创造安全管理环境、预防安全责任事故、提高安全管理水平等过程中形成的物质和精神财富的总和。

加强船舶安全文化建设是船舶安全管理走向理性化、规范化和科学化的重要标志,也是提高船舶安全管理整体合力,预防并减少船舶安全事故的重要途径。具体地说,船舶安全文化建设至少具备五个方面的基本功能:

(一)形成统一的安全理念

安全理念是船舶安全文化建设的核心。船舶通过各种教育与培训手段,加强对广大职工安全意识、安全哲学及安全核心价值观的培育,可以统一职工的安全思想,规范职工的安全认识,提高船舶安全管理的整体效果。

(二)规范职工的安全行为

通过加强船舶的安全文化建设,使每一名海员都能认识船舶安全的含义、了解安全的职

责、责任及事故的危害，在生产实践中形成共同的职业道德规范和行为准则，从而提高安全行为的科学性、规范性，实现减少和消除安全隐患的目的。

（三）协调船舶的安全管理

船舶安全管理是一种全方位的管理行为，包括对船舶安全操作各个层面、各个领域、各名海员的管理，这就要求船岸各管理层面必须树立整体意识，全局观念，加强协调，一致运作，使船舶安全生产始终处于有序运行的良性状态。

（四）提高船舶安全的质量

在船舶安全操作中，要使海员时时、事事、处处都遵章守纪，仅仅靠外界制度的约束很难做到。加强船舶的安全文化建设，通过提高职工的安全修养，改变职工的观念、意识、态度、行为，从而加强对不安全行为的控制，达到减少人为事故的目的。

（五）提高船舶的安全效益

航运企业尤其是从事危险品运输的企业具有风险性大的特点，保证安全是船舶运输生产的最大效益。通过加强船舶的安全文化建设，进一步丰富船舶的安全管理手段，堵塞安全管理中存在的漏洞，更好地维护国家财产和人民生命安全，有效地提高船舶运输生产的社会效益和经济效益。

经典案例分析

“沪救101”船火灾案

1. 船舶概况

“沪救101”船是一艘远洋救助拖船，1975年建造于日本，造价1 500万美元，总长87 m、型宽14 m、型深7 m，2 100GT。机舱位于船中部，长约22 m、宽约13.3 m，分为上、下两层；主机两台，都为3 360 kW的6缸柴油机，主机长7.1 m、宽1.9 m、高3.7 m，左、右主机间距0.8 m，主机上部高出机舱上层花铁板1.2 m；机舱内设有固定泡沫和蒸汽灭火系统，其中机舱底层泡沫喷头17个，上层泡沫喷头4个。机舱上部为船员生活区、工作间及驾驶室。

2. 火灾经过

1993年11月30日，“沪救101”船拖带一艘大型浮船坞由澳大利亚墨尔本驶往我国张家港。1994年1月11日，“沪救101”船在航行中发现，连续运转1 500 h的右主机排烟变黑，燃烧工况欠佳，轮机长决定停机检修。1月12日，更换右主机全部气缸油头，并试车0.5 h，发现4、6缸温度不正常，遂决定第二天再进行检修。

次日10时40分，右主机检修完毕，采用机旁操作方式空车试车，两次启动均未成功，检查后发现供油手柄未放到启动位置。第三次启动成功，开始主机运转正常，转速300 r/min左右，约5s后，主机转速突然猛增，机体剧烈抖动，声音刺耳，气缸盖上6个安全阀全部跳起，喷出烟火，机体下部右侧有黑烟冒出。此时，机舱人员意识到发生了“飞车”，即将调速手柄调至零位，启动手柄拉到停车位置，无效后，又将燃油截止阀、气动阀、右主机供油阀关闭，随后切断机舱四台通风机电源，但仍未奏效。10时47分，随着一声巨响，右主机停车，机体右侧的中部喷出浓烟,右前方的燃油驳油泵处出现明火,顿时机舱烟雾弥漫。

轮机长见状令见习轮机长等3人灭火,自己跑到集控室停掉左主机,随后去驾驶台向船长报告。船长让其想办法救人,轮机长即在走廊高喊:“机舱失火了。”并令机舱人员启动消防泵。大副组织甲板部人员很快接通消防水带向机舱射水。开始着火源范围约2 m^2,火焰高约1 m,机舱灭火人员先后释放3瓶手提式二氧化碳灭火器,未能控制火势;向机舱实施射水后,曾一度扑灭部分明火,在射水2 min后,轮机长便说:“机舱油着火,不能用水灭。”

约10时50分,停止射水。由于机舱内存在浓烟,令人窒息,人员被迫撤离。轮机长令船员佩戴空气呼吸器下机舱启动固定泡沫灭火系统,因呼吸器气瓶无气,未能下机舱。10时57分,为防止机舱油柜爆炸,经船长同意,关闭了速闭阀。

约11时,船长通过单边带向主管部门报告火灾情况。在关闭速闭阀的同时,轮机长令人启动应急发电机、消防泵,又因电瓶电不足和气瓶压力不够,未能启动起来。至此已完全失去了自救能力,大火迅速蔓延。约11时04分,发电机停止运行,全船停电。11时55分,全体船员登艇弃船。该船于1月15日被拖至长江口嵊山锚地。

火灾造成该船前大舱部分过火,船体结构不同程度变形,主船体以下部分基本完好;机舱上层生活区、工作间及驾驶室全部烧毁,铜、铝物品大多熔化;机舱内的电气线路、机旁操作台全部烧毁,三台副机基本完好,左主机外观尚好,右主机3缸活塞裙部位有30×30 cm^2的不规则破裂,活塞连杆弯曲,连杆大端上下瓦座连接螺栓窜出,上瓦座折断,下瓦座被甩出曲轴箱,该缸右侧曲轴箱道门被击碎,2号燃油泵吸入、排出压力表油管和出口截止阀被砸断,右主机增压器转子散落地面,已烧毁。

3. 火灾原因

该船发生火灾原因是右主机飞车,造成第3缸连杆大端轴承紧固螺栓断裂,下端瓦座击碎3缸右侧轴箱道门,过热的主轴承等运动机件及下窜的燃气将曲轴箱内的大量油气加热至闪点温度以上,与外界新鲜空气混合而产生爆炸。爆炸时引燃了右主机两边输油泵及驳油泵接油盘内残油。同时,被砸断的2号燃油泵压力表油管外泄的燃油以及被烧破的右主机右侧燃油柜、润滑油柜油位计玻璃管流出的油,为火势发展提供了足够可燃物,以致蔓延成灾。

4. 经验教训

1)处警反应慢,灭火组织不力,指挥失误,措施不当

火灾发生后,轮机长应立即向驾驶台报警或按响火警警报,但他却跑到驾驶室去报告,此举不仅延误了时间,更使机舱灭火失去了指挥。船长接警后,也未能迅速有效地组织全体船员开展灭火战斗,致使各部门各自为战,盲目灭火。机舱本来有16只手提式灭火器,仅用了其中的3只;当向机舱射水灭火有一定效果时,轮机长只根据“油火不能水灭”的一般原理而下达了停止出水灭火的指令(根据不同的油火燃烧情况,改变水枪射出的水流形状也能灭火,如水直流冲击灭火;水雾化在油面上部的高温作用下,形成水蒸气隔离油面灭火,或与热油面接触,形成不燃烧的乳珠覆盖油面灭火)。当使用移动式灭火设施灭火无效时,也没有抓住有利时机,及时果断地启用船上配置的固定式泡沫和蒸汽灭火系统,并过早地关闭了机舱通风机,造成浓烟无法排出,迫使人员撤离机舱,结果在短短10 min后,就失去了控制火势的全部方式。

2)安全和消防意识淡薄

远洋船舶在茫茫大海中一旦发生火灾,外救可能性很小,主要靠自救。因此,远洋船上自救灭火设施配置比较齐全,消防安全规章制度比较健全,对船员的消防安全要求也比较高。而

船上的领导，更应高度重视消防工作，教育船员增强安全意识，抓好船上消防器材的维修保养，经常组织应急演练，提高自救能力等。但该船领导对消防工作不重视、不负责任，对船员缺乏安全教育，对消防应急设备不严格按照规定进行保养，长期不开展消防应急演练，造成船员安全意识薄弱，有的不清楚应急部署，有的不会使用消防器材，面对火灾事故惊慌失措、盲目施救。船上的应急发电机、消防泵和空气呼吸器也都不能正常使用，面对机舱大火无法下机舱启动固定灭火系统，丧失了最后的灭火手段。在机舱火灾发生 68 min 后，被迫弃船，造成重大经济损失。

五、加强船舶安全文化建设的具体途径

加强船舶的安全文化建设，必须从船舶的实际出发，全面考察船公司及船舶的文化背景，了解员工和海员对船舶安全文化的认识和感受，客观分析安全操作的状况及船舶安全事故的隐患，因势利导地推动安全文化建设。

（一）开展多层次的教育与培训，营造良好的文化建设氛围

船舶安全文化是船舶安全管理的灵魂，建设安全文化必须重视船舶安全精神、安全理念的培育和发扬。要以教育、培训为手段，对船舶各部门、各岗位的船员进行定期或不定期的安全培训，统一其安全观念，端正安全态度，提高安全技能，推动船舶安全文化的深入开展。要利用各种安全会议以及专题座谈等手段，大力加强以船舶安全文化理念为重点的思想理论的宣传与学习，倡导“安全第一”的安全观，有效营造积极向上的安全操作环境。要不断改进宣传教育的方式、方法，通过以情感人，以理服人，以行带人，使船员在心理、思想和行为上形成安全操作的自我约束意识和自我约束机制。

（二）加强船舶安全法制化建设，构筑文化建设的责任网络

法律、法规是安全操作监督的依据和准绳。加强船舶的法制化建设，使船舶的安全操作走上法治化的轨道，不仅是规范船舶操作管理的要求，也是建设安全文化的重要途径。要加强对船舶安全操作的法律意识教育，使船员认识到保证船舶安全不仅是一种个体行为，也是一种社会行为，不仅是企业规章制度的要求，也是国际、国家法律法规的要求，强化职工的安全责任感。同时，要加强管理，理顺关系，建立健全统一、集中、规范的安全操作执法程序，使与船舶安全管理相关的各个部门各个岗位各负其责、各司其事。要依法强化船舶的安全操作监察工作，加大对违法、违规行为的惩戒力度，通过建立安全责任追究制度，在船舶上形成有错必改、有错必纠的船舶安全文化氛围。

（三）加强船舶安全规范化建设，完善船舶安全文化建设管理机制

规范化的安全管理是培育船舶安全文化的基础，也是船舶安全文化得以存在与发展的必备条件。要严格按照船舶各类体系运行要求，严格执行各项规章制度及工作程序，进一步建立健全各项安全管理机制。要通过建立船长负总责、全员参与、层层落实的责任体系，专业监督与群众监督相互结合的监督体系，建立健全船舶安全操作的综合管理机制。

（四）建立企业协调联动机制，提高安全文化建设的效能

船舶安全文化是船公司的企业文化的组成部分。要加强船舶安全文化建设，必须将其纳入企业文化建设的总体规划中，使船舶安全文化建设与企业文化建设协调发展，整体推进。

一方面，要在企业文化建设中突出船舶安全文化建设的内容，将安全思想、安全哲学融入

企业的经营生产理念、形象识别、工作规划、岗位职责、操作过程控制及监督反馈等各个方面；另一方面，船舶安全文化建设也要围绕着企业文化建设开展，在船员的安全思想意识及行为规范中体现企业文化的精神实质，使两者成为不可分割的整体。通过加强船岸之间、船舶与船舶之间，船舶内部各部门、班组及人员之间的沟通、协调与联系，在企业内部营造一种集体思考、团结协作、目标一致、联动发展的安全氛围，提高船舶安全文化建设的群体效应。

第三节　安全价值观

在商品社会里，一切事物本身的价值决定了它的社会地位，价值高，社会地位就高，反之则低。这是商品社会主观意志无法改变的价值规律的客观作用。

安全和安全工作也同其他事物一样，在生产经营活动中的地位也由它们本身价值所决定。安全在生产经营活动中的价值，无法准确计算。安全工作如果没有价值指标，在商品社会以经济效益为中心的生产经营活动中就没有它的地位。各级主管机关十分重视安全工作，颁布了众多国际、国内法规和规则。尽管如此，安全也无法脱离没有经济指标的困境，成为一般化的宣传内容，“安全第一”也就成了没有权威的口号。

因此，在商品社会里，安全工作的价值必须得到充分的体现，并被大家所接受，才能真正推动安全工作的开展。

一、安全价值的定义及内容

安全价值作为安全经济学的重要组成部分，与安全经济学本身一样仍处在探索阶段。目前一般可以把它的定义概括为一种运用价值工程的理论和方法，依靠集体智慧有组织的活动，通过对某些安全措施进行安全功能分析，力图用最低的安全寿命周期投资，实现必要的安全功能，从而提高安全价值的安全技术经济方法，其主要内容包括如下几个方面：

1. 降低安全寿命周期投资

任何一项安全措施，总要经过构思、设计、实施和使用，直到它基本上丧失了必要的安全功能而需要进行新的投资为止。这就是一个安全寿命周期，而在这一周期的每个阶段所需费用就构成了安全寿命周期投资。安全价值分析活动的目的，就是使安全寿命周期投资达到最低、安全功能达到最适宜的水平。

2. 安全功能分析

安全价值不是直接研究“安全”与“投资”本身，而是从研究安全功能入手，找出实现所需功能的最优方案。以安全功能分析为核心，是安全价值独特的研究方法。

3. 实现必要的安全功能

所谓必要的安全功能就是为保证操作者的安全、健康以及避免财产的意外损失，决策人对某项安全投资所要求达到的安全功能。安全功能分析的目的，就是确保实现必要的安全功能，消除不必要的功能，从而达到降低安全投入、提高安全价值的目的。

4. 集体智慧和有组织的活动

安全价值中一个最基本的观点是：目标是一定的，而实现目标的手段是可以选择的。这就要求开展安全价值活动的组织者要依靠集体的智慧，广泛选择最优的方案，并发动群众，有计划、有步骤、有组织地实施各项工作。

安全价值可以用一个简单的式子来表达：$V=\frac{F}{C}$

式中：V——安全价值；

F——安全功能；

C——安全投入。

从中可以看出，提高安全价值的途径主要有以下几种：

（1）F 提高，C 下降；

（2）F 提高，C 不变；

（3）C 略有提高，F 有更大的提高；

（4）F 不变，C 降低；

（5）F 略有下降，C 大幅下降。

由于人们对安全程度的要求在逐步提高，因此，前三种途径是我们寻求提高安全价值的主要途径，后两种途径则只能在某些特殊情况下使用。

从以上的分析中可知，要提高安全价值并不是单纯追求降低安全投入，或片面追求提高安全功能，而是要求改善两者之间的比值。实际上，如果通过降低安全投入而引起安全功能的大幅度下降，显然违背安全投资的初衷，并不可取。相反，如果不顾一切片面追求安全功能以致使安全投资大幅度上升，则国家和企业难以承受，同样不可取。

二、安全价值与生产价值的关系

生产活动是人类赖以生存和发展的基本条件。人类通过各种形式的生产活动创造出人类生存与发展所需要的各种物质财富。在商品社会，对这些财富的另一种说法是生产价值。追求生产价值是商品社会生产经营活动的主要目的，这是任何制度和任何形式的生产活动都无例外的。自古以来，所有从事生产活动的人们都尽一切努力争取获得较高的生产价值，而获得价值的高低，主要取决于生产活动过程中的效益系数和安全系数，其计算公式如下：

$$生产价值=生产活动\times效益系数\times安全系数$$

生产活动是指从事生产的人们通过某种组织形式（人），在特定的环境（环）里，操纵工具设备（机），按照规定的工艺方法（法）对原材料（料）进行加工制造，得出具有实用价值的产品（商品），销售给用户，再从原材料单位采购回生产所需要的各种原材料供生产需要。我们把这一整个过程称为生产活动，也就是生产活动的五因素（人、环、机、料和法）相互作用的过程。

不同的生产过程，五个因素的基本状况各不相同，对生产效益（价值）的影响也就不同，概括起来有两大作用：一是对生产的正作用，也就是有利作用，可创造生产价值，作用大小用效益系数表示；二是对生产的负作用，即有害作用，也就是事故造成的经济损失，作用大小用危险系数表示。

效益系数表示在生产过程中创造价值的效率，是生产资本对生产价值（净产资）的比值，它的大小取决于生产活动过程中的五个因素的素质。素质越好，正作用越大，效益越高，系数越大，反之则小。

安全系数表示生产过程中的安全程度，它的大小取决于生产活动过程中五个因素的缺陷程度,即负作用的大小。缺陷越多,负作用就越大,发生事故的机会就越多,事故的经济损失也随之增大,安全系数就越小。

安全系数等于1减去生产过程中的事故损失价值与生产投资(生产资本)的比值。当事故损失价值低于净产值时,可采用下式简易计算:

$$安全系数=1-(事故损失价值/净产值)$$

安全系数在0~1之间变化,安全系数等于1的生产过程,是绝对安全的生产过程。这时的生产效益(价值),只随效益系数变化,安全被给予了充分的保证。不过这种情况极为少见,但这是安全工作追求的目标。安全系数小于1的生产过程,生产效益(价值)不仅随效益系数变化,而且随安全系数的变化而变化。安全系数等于0的生产过程,生产过程没有丝毫安全保证,在这种情况下,生产活动无法进行,有生产活动就会发生事故,生产效率再高,生产效益(价值)也小于0,即出现负效益。

经典案例分析

A船与JH船碰撞案

在1999年12月31日1820时发生的A船与JH船碰撞案中,JH船为完成其与旅游公司约定的“迎接新世纪第一缕阳光”赴长江口观日出的旅游活动,在浓雾中不服从南京交管中心的监管,冒雾过桥开航,并为赶在次日早上6时抵达吴淞口观看日出,以双车进四、22 km/h的速度冒雾全速航行。在张子港附近与从海上试航后返回南京的新造船A船碰撞,造成两船船体受损,旅客中3人死亡、1人失踪、2人受伤。

在此次碰撞事故中,JH船不仅没有完成与旅游公司签订的看日出的合同并获得租金,还要赔偿人员伤亡、船体损害和船期延误等多项损失。JH轮无视安全的结果是,该航次其安全系数为0,生产效益也为负。

实践告诉我们,安全孕育在生产活动之中。生产离不开安全的保证,这是一个生产过程中不可分割的两个方面,相互依存。安全不仅是生产价值形成的重要组成部分,同时又是生产价值好坏的决定因素。实践证明,有安全,就有效益;没有安全,就没有效益。安全不但要保证新创造的生产价值的安全实现,还要保证原有生产资本不受损失。

但是,安全与效益又互为矛盾,船舶要提高安全水平,就需要增加投入,就会影响船舶的效益,况且事故的发生一般属于小概率事件。当事故没有发生时,对安全所进行的投入往往无法产生效益,这就给人造成一种印象,认为安全只有投入,没有产出,导致在船舶营运过程中,只顾抓生产,不重视安全。一旦发生事故,则悔之晚矣。

船舶的航行和操作是一种生产活动,当然也离不开安全的保证,同样需要正确处理生产效益和安全生产之间的辩证关系。

思考题

1. 安全哲学的发展历程有哪几个阶段?
2. 荀悦“一曰防,二曰救,三曰戒”的论断对安全管理有何启示?
3. “良医治未病”对事故预防有何启示?
4. 如何理解“一个技艺高超的海员不会使需要其高超技艺的局面出现”的含义?
5. 什么是安全文化? 它对安全管理有何作用?
6. 安全生产的要素有哪些?
7. 什么是安全价值?
8. 安全价值与生产价值有何关系?

参考文献

[1] 李树刚. 安全科学原理. 西安：西北工业大学出版社，2008.
[2] 吴穹，许开立. 安全管理学. 北京：煤炭工业出版社，2002.
[3] 林柏泉. 安全学原理. 北京：煤炭工业出版社，2002.
[4] 严新平. 水上交通安全导论. 北京：人民交通出版社，2010.
[5] 雷正保. 交通安全概论. 北京：人民交通出版社，2010.
[6] 陈伟炯. 船舶安全与管理. 大连：大连海事大学出版社，1998.